あなたは社長の分身になれますか？

成功する会社を見極め、揺るぎない人生を歩むには

株式会社秀實社 代表取締役社長
髙橋秀幸

牧野出版

はじめに

あなたはなぜ働くのか考えたことがありますか。人は生活の糧を得るために仕事をする。だから働くのは給料のためだと言う人がいるかもしれませんが、**お金のためにだけ働く人で成功した例を聞いたことがありません。**アップル創設者のスティーブ・ジョブスやメジャーリーグのイチロー選手の挑戦を、お金が動機だと考える人はいないはずです。もし、働くことの目的がお金であるなら、手段を選ばず、自分の利益だけを追求する仕事を選ぶことになります。それで幸せになれるでしょうか。

人はみな、生まれ育った環境も違えば、能力にも差があり、目指す場所や進む道も異なります。名門大学を卒業してエリートコースに進む人がいれば、学歴も人脈もなしに商売を極め、一代で巨万の富と名声を得る人もいます。それぞれ人格も異なり、働くことに対する考え方も違うでしょうが、誰にも平等に与えられる課題が一つあります。それは、決められた人生の時間の中で、自分の夢を実現することです。

自分は何のために生きていて、どんな将来を理想とし、その理想を実現するために何をしてなければならないのか。お金を稼ぐだけでは、絶対に理想は実現できないと考えます。理想を実現するためには、どの会社で働くかだけではなく、〝なぜ〟その会社で働くのかを考えなくてはなりません。お金儲けや給料より大事なのは働きがいなのです。

就職は人生の一大転機です。一生の大半をその職場で過ごし、まさに生活の糧を得ながら、自分の夢も実現させなくてはならないのですから、いい加減な会社選びは限りある人生の時間を無駄にするだけです。その会社で働くことにどれだけの意味があり、本当に自分の夢を実現することに結びつくのか、真剣に考えてもらいたいです。

では、どうすれば自分の夢を実現できる会社を選ぶことができるのでしょうか。

最も簡単な方法は、その会社の考えや理想、つまり経営理念が、自分の価値基準や将来像に近いか確かめることです。**会社はモノではなく人の集合体であるため、人と同じように考え、行動し、そして理想を目指して変化していきます。**その陣頭指揮を執る経営者に、会社の考えや理想は集約されているはずです。そこに自分が共感できるか、腰を据えて見極めてください。

会社の経営は、その会社の商品やサービスを買ってくれるお客様と、そこで働く社員がいて初めて成り立ちます。お金儲けで人の理想が実現できないように、会社の夢や理想も、人に共感されるものでなければ、お客様ばかりか社員も定着しません。社員に会社の夢や理想に共感してもらうことが、会社を成功に導く早道でもあるのです。

「自己実現し、人生を全うするため、その会社の一員になる」

そのように思える社員が多ければ多いほど、会社は勢いを増していきます。私は組織変革コンサルタントとして、数々の会社の幹部創生プロジェクトを実施した経験から、**会社づくりは人づくりであると確信しています。**

自分の夢を実現し、有意義な人生を歩むためには、〝どの〟会社で、〝どう〟働くべきなのか。また、経営者であれば成長し続ける会社にするには、社員に〝どう〟働いてもらうことが正しいのか。本書を通じてじっくり考えていただきたいと願い、筆をとらせていただきます。

CONTENTS

あなたは社長の分身になれますか？

成功する会社を見極め、揺るぎない人生を歩むには

第2章　成長する会社を見極める

第3章 人材と組織を育てる

あなたは
社長の分身に
なれますか？

成功する会社を見極め、揺るぎない人生を歩むには

第1章

働くことの意味を見出す

自分は何者であるのか

人生において大学の四年間というのは、何をするにも自分で選び、自分で決めることができる、とても自由な時間です。自分がやりたいと思うことなら、自分の判断で優先順位を決め、それが必ずしも就職というキーワードに当てはまらないことであっても、とことん極め、自分の将来に結びつけようと考えることができます。大学受験という枠がすべてに優先される高校生までとは異なり、一人の人間として生きていることが実感できる貴重な時間です。

ところが、大学を卒業して就職し、社会人として一組織に組み込まれた途端、自分の価値基準で優先順位を決めることが認められなくなり、自由が束縛されていると感じ始め、大勢の方が自分が何者であるのかさえ見失ってしまいます。

誰でもこうした喪失感を一度や二度は経験するものですが、迷いを感じながら試行錯誤を繰り返し、自分なりの突破口を見出すほかありません。その会社を選んだのは他ならぬ自分であり、選んだ以上は自分の責任です。**大学生の時に培った価値基準や判断力、そして夢や希望が、現実の社会で通用するかどうか私達は試されることになるのです。**

私が大学卒業後に初めて選んだ会社は、ファッションのルイ・ヴィトンからシャンパンのドン・ペリニヨンまで抱えるＬＶＭＨ（モエ・ヘネシー・ルイ・ヴィトン）グループ傘下の、セフォラというフランスの高級化粧品会社でした。大学生の頃、千葉県内の大型ショッピングモールに出店したセフォラのショップに出会い、男性である私が化粧品を買うはずもないのに、吸い込まれるようにショップの中に足を踏み入れたことを昨日のことのように思い出します。スタイリッシュで格調高いセンスの良さに思わず息を飲み、この美の世界に身を委ね、自分の夢を実現したいと強く思うようになりました。今考えると、セフォラの魔法にかかったとしか思えません。

自分を磨きたい一心で、派遣社員として入社を果たしたセフォラ。私の勤務先はオープンしたてのセフォラ原宿店でした。シンプルでいて洗練されたＳＥＰＨＯＲＡ（セフォラ）のロゴ、モノトーンで統一されたショップのデザインやスタッフのユニフォーム、目も綾な化粧品の数々、店内に漂う香水の香り。どれ一つとっても完璧な美の世界が演出されていました。

そして、憧れだったユニフォームに身を包むと、世界に誇るブランド企業の一員になれたと実感したものです。店内には、私と同じデザインのユニフォームを着た女性メイクアップアーティストたちが颯爽と働いていました。何もかもが希望に満ち溢れ、早く夢の翼を羽ばたかせたいと気持ちが高ぶりました。

理想とかけ離れた現実

しかし、そこで私に託された業務は「ビューティーキーパー・アンド・セキュリティー」という、聞きなれぬ仕事でした。美の空間を演出する、なんらかの業務に携わるものとばかり思っていたのですが、上司から聞かされた業務内容に愕然とします。ビューティーキーパー・アンド・セキュリティーとは、文字通り「ゴミ拾いおよび警備」のことだったのです。

美を極めた空間で、美と対極にあるゴミを片づけるのが自分の仕事だと思い知らされ、天から地に突き落とされたような気分でした。こんなことがやりたくて派遣社員にまでなって入社したんじゃない、「ふざけるな！」と怒りがこみあげてきました。

これだけ理想と現実がかけ離れてしまうと、会社を辞めるのは時間の問題となるのでしょうが、私は諦めることができませんでした。それでもセフォラには、私を惹きつける何かがあると感じていたからです。

とはいえ、私が抱えていた不平や不満は隠しようがなく、表情に表れてしまっていたようです。そんな私に対するスタッフの人たちの態度も悪くなる一方でした。ゴミ拾いが嫌ならさっさとやめなさいよといった雰囲気で、職場で次第に追い込まれていきます。やりきれない思いで毎日出勤し、不平不満を抱えながらも黙々と店内を掃除するほかありませんでした。

そんなある日、一人のお客様に「ちょっとよろしいでしょうか」とメイクについて尋ねられ、困り果ててしまったことがあります。すぐに他のスタッフが近寄り、事情を説明してくれたものの、そのお客様にすれば、メイクの知識もない者がセフォラのユニフォームを着ているのは紛らわしいだけだったようです。

美しさを求めて来店されたお客様に、不愉快な思いをさせてしまったのです。いったい私は何のためにここにいるのだろうかと自問自答するばかりでした。

どのような仕事にも真正面から向き合う

それから数日して、掃除をしながら整然と陳列された化粧品を見て、あることに気づきました。

「あれ？　このブランド知らないな」

よく見まわすと、あちこちにブランド名を把握していない化粧品が並んでいました。考えてみたら、メイクアップとフレグランスとスキンケアの違いもよく分からない。憧れの化粧品業界に入ったというのに、化粧品のことなど何も知らなかったのです。技術も知識もないくせに能力相応の仕事をさせろと怒っていた自分が、とても情けなくなりました。カッコだけで中身がないのであれば、ゴミ拾いから始まって当然だったのかもしれません。

そのことに気づき、私は行動を一変させました。まずは、書店でメイクアップに関する本を購入し、一から勉強を始めていきました。そして、母に頼みこみ、メイクの練習をさせてもらったこともあります。**仕事の休憩中もメイクアップの本ばかり読み漁り、店にある商品に関する知識はすべて頭の中に叩き込みました。**

そんな私の姿を見て、あるメイクアップアーティストの女性スタッフが声をかけてきました。目障りで足手まといな存在でしかなかった私に、メイクを教えてくれるというのです。しかし、私の業務はあくまでもビューティーキーパー・アンド・セキュリティーであって、メイクアップアーティストは職種のまったく異なるスペシャリストです。それぞれの役割はマニュアルで定められていて、彼女が私にメイクを教えようとしたのは会社の方針に反する恐れがありました。では、なぜ彼女はそうまでして、メイクを教えようと考えたのでしょうか。

せっかくお客様が来店しても、メイクアップアーティスト全員の手が塞がっていたら、そのお客様は商品だけ見て、接客も受けずに帰ってしまうことになります。セフォラまで足を運んでいただいたにもかかわらず、満足されずに帰ってしまったら大きな損失になり、何よりもセフォラの理念に反することになるのです。彼女が私にメイクを教えようと思ったのは、プロ並みのメイクのお手伝いはできないとしても、お客様に基本的なアドバイスをするのは全スタッフに課された任務だと考えたからに違いありません。つまり、彼女は私がセフォラの一員であることを認めてくれたのです。私が仕事に向き合う態度を変えた直後に起きた異変でした。

働くことの意味を知るヒント

それからというもの、ビューティーキーパーの仕事にも誇りを見出せるようになりました。一流の店は見掛けだけ綺麗にしているのではなく、隅から隅まで、それこそ見えない所まで掃除が行き届いています。たった一つの汚れが、その店だけでなく、ブランドのイメージを台無しにすることもあるからです。そして、その責任はすべて私にあるわけですから、手抜きなど考えられません。仕事とは人にやらされるものではなく、〝自分で探しだすもの〟であることを身をもって知りました。

そのやる気が通じたのでしょうか。原宿店の掃除担当だった私は、入社してからわずか半年で、新たにオープンした新宿店のマネージャーに昇格しました。当時の新宿店は伊勢丹の真向かいにある丸井の一階と地下一階を占め、一人のストアディレクターの下に四人のマネージャーがつきました。その一人に駆け出しの私が選ばれたのですから、まさに大抜擢です。

「メイクアップアーティストもスペシャリストも全員、雑巾を持って掃除をしましょう！」

これが私の新宿店での第一声でした。

あの女性スタッフがビューティーキーパーの私にメイクを教えてくれたのは、私がセフォラの一員である誇りと自覚を持って仕事をしていたからです。お客様に美の空間を提供するのがセフォラの使命であり、そこで働くスタッフも、お客様を最優先に考えて仕事をする必要があります。それをスタッフ全員が認識することによって、セフォラの使命を全うできると考えたからに他なりません。

「私はメイクアップアーティストだからゴミなんか拾わないわよ」

「僕の仕事はビューティーキーパーだから、メイクのことを聞かれても困ります」

自分に課された仕事以外は仕事ではなく、問題があっても見て見ぬふりをする。スタッフが全員このような自分勝手なことを言い出したら、その職場はどうなるでしょうか。スタッフは給料をもらうためにそこにいるだけで、美の空間を演出する一員であるという誇りや自覚はおろか、〝働きがい〟さえ見失ってしまいます。そして、お客様はそんな雰囲気を敏感に感じ取り、結果的にセフォラのブランドイメージを傷つけることになるのです。

スタッフ全員が私の考えに納得してくれ、その日から、役職に関係なく掃除が日常業務となりました。新宿店には活気が漲り、常連のお客様も増えていきました。

その後、残念ながら……セフォラは経営戦略上の判断で二〇〇一年に日本から撤退してしまい、私も職場を失うことになります。しかし、セフォラでのこの貴重な経験は、私の人生観を大きく変えてくれました。**働くことの意味を知るヒントが、お客様に美の空間を提供するあの店舗にすべて凝縮されていたからです。**

目標がないと自分を見失う

私は一九歳の時に三〇歳で社長になる目標をたて、実際に二〇一〇年に戦略的企業

ブランディング事業を生業とする秀實社を設立しました。一九歳の大学生だった私が、向こう見ずにも社長を目指すことになったきっかけは、千葉市の自宅近くにできた新しい美容院でした。

その美容院が気になっていた理由は、いつも店の前に止めてあったSクラスのメルセデス・ベンツでした。オーナーは当時三〇歳だった文句なしにカッコいい人で、その洗練された姿に憧れを抱き、足繁くその美容院に通い始めました。ベンツは彼の成功の証であり、何もかもが輝いて見えたのです。そして、髪を切ってもらいながら、そのオーナーにこう言われました。

「僕は三〇歳で社長になったんだよ。君も頑張ればなれるさ」

その時、私は社長業がなんたるかも知らず、漠然とですが初めて社長になりたいと思いました。そして、彼の言う通り、努力すれば自分だって社長になれるかもしれないと思えたのです。

本当に自分にそんな実力があるのか、手始めに彼の真似をしてみることにしました。二二歳までにSクラスのメルセデス・ベンツを買うことを決めたのです。**自分が本当に欲しいと思うなら、待ったなしの期限を切るべきだと思ったのです。**

しかし、一九歳の大学生が時給のアルバイトをしたところで、高級外車が買えるわけがありません。頭をフル回転させ、アルバイトでも儲かる方法を考え抜きました。当時は大きな駐車場を併設したカラオケボックスで働いていましたが、そこには女性たちをナンパしてカッコつけたい若い男性たちが、車で大勢乗りつけてきます。オーナーと交渉して歩合制を導入してもらい、彼らをターゲットにリピーターを増やす工夫をした結果、学生でありながら月に一〇〇万円を稼ぐこともありました。

こうして私のベンツ預金も定額に達し、美容院のオーナーに紹介された販売店で新車のベンツのキーを手渡された時は、鳥肌が立つほどうれしかったです。社長になる最初の難関を突破したと感じました。

そんな希望と野心に満ち溢れていた私が最初に就職したのがセフォラだったのです。セフォラには自分の夢を実現させてくれる何かがあると感じていたから、安月給の仕事にも耐え、その結果、お金では買えない貴重な経験をすることもできました。**社長になるという目標がなければ、私も自分を見失っていたかもしれません。**

熱意なしに信頼は生まれない

セフォラでの職を失うと、派遣元企業であるA社から私に正社員採用の打診があり、東日本営業係長という役職つきで転職することになります。同社はファッションブランド販売に特化した人材派遣会社で、セフォラでの私の実績に注目したようです。社会人二年目の私は、ファッショナブルなセフォラのユニフォームからスーツとネクタイの営業マンに装いを変え、ぶっつけ本番で未知の仕事に向き合うことになりました。

出勤して真っ先に命じられた仕事は、ＪＲ立川駅にある準百貨店「グランデュオ」の化粧品フロアマネージャーに挨拶に行くことでした。お得意様に対する新人の挨拶回りくらいに考え、もらったばかりの名刺をプラスチックの箱ごとスーツのポケットに突っ込み、ＪＲ中央線下り電車で武蔵野の風景を眺めながら意気揚々と立川に向かいました。

ところが、そこで待ちかまえていたマネージャーの第一声は、「おまえは誰だ」でした。

上司が一緒に来なかったことが不満だったようです。慌ててプラスチックの箱から名刺を出そうとすると、名刺がばらばらと床に落ちてしまい、挨拶どころではなくなりました。床で名刺を拾っている私は「おまえは名刺の渡し方も知らないのか！」と罵声を浴びせられる始末です。

怒り心頭に発したマネージャーによると、以前からA社が斡旋する派遣社員の問題点を指摘しており、この日は、その改善策が提示される日だったといいます。入社初日の私には寝耳に水の話ですし、改善策など示せるわけがありません。社に戻って上司と相談し、翌朝出直すと約束してから早々に退散しました。

社に戻り上司に状況を報告すると、さしたる指導もせずにどこかに出かけてしまい、そのまま連絡不通になりました。翌朝も直行という名の元に出社していませんでした。翌朝出直すと約束したのは私ですから、もはや逃げ隠れできません。覚悟を決めて再び立川に向かいました。

前日の大失態を二度と繰り返すまいと、一夜漬けで学んだビジネスマナーを駆使し、翌日マネージャーを再訪して、四五度の最敬礼で頭を下げました。手にはプラスチックのケースではなく、父からもらった名刺入れを握っていました。するとマネージャーは、新米営業マンの私に対して、いきなりビジネスマナーを指導し始めたのです。

「おたくの会社がどんな状態にあろうと、あなたは係長という役職の名刺を持ってきた。プロ意識で仕事をしてください」

一通りの指導が終わると彼は私を化粧品フロアへ案内し、A社が送り出した派遣社員を集めました。そして、こう語りかけるのです。

「今日からみなさんの上司になる髙橋さんです。セフォラでは非常に大きな実績をあげられております。私は髙橋さんを信じたいと思っています。みんなで一緒に盛り上げていきましょう！」

マネージャーが私の前職を知っていたことに、とても驚きました。私が何者であるか百も承知で、初対面で「おまえは誰だ」と怒鳴りつけたのでした。そして、失敗を人のせいにせず、真摯な態度で出直してきた私を受け入れ、信頼してくれたのです。自分が仕事に向き合う態度を変えた途端に起きた、あのセフォラでの変化を思わずにはいられませんでした。

もし私が、あんな嫌な思いは二度としたくないから、上司に「代わりに行ってください」と頼んでいたら、こんな素晴らしい出会いもなく、その後の商談の機会も失っていたかもしれません。**仕事とは、信頼の積み重ねなのだと肝に命じました。**

教育は人の将来を左右する

お客様がいて初めて企業は成り立ちます。何より大切なお客様に接する派遣社員を送り出す仕事を任された以上、私は派遣先企業の幹部社員を育成する気構えで彼らの教育に当たりました。

いくら取引先を拡大したところで、やる気のない人を送り出してしまうと、その企業に迷惑がかかります。適材適所を実現するため、担当する派遣社員のプロフィールシートを作成し、家族構成や趣味、大切にしているものなどを細かく把握したうえ、一人ひとりとコミュニケーションを深めることにしました。

親身になって派遣社員の相談にのり、面倒を見ているうちに、いつの間にか私一人で一五〇人もの人員を抱えていました。気がつけば、入社初年度で全国売上げ一位となり、社長賞を授与されるまでになっていたのです。こうした努力の甲斐あり、私はA社でトップセールスマンの地位を獲得し、二五歳にして自他ともに認める東日本の責任者になっていました。

しかし、三〇歳までに社長になるという目標を忘れたわけではありません。残された時間はあと五年。いくら業績をあげても、この会社の次期社長は現社長の息子に決まっていたので、別の道を探さなくてはなりませんでした。

ちょうどその頃、私が気になりだしていたのは「教育」というキーワードです。登録面接をして実際に職場に送り込むまで、多くの派遣社員の人たちと関わっているうちに、**人は教育によって仕事に対する取り組み姿勢を一変させると痛感していました。**登録面接ではまったくの未経験だった人が、教育を受けた後、水を得た魚のように生き生きと働きだし、正社員に採用したいと言われるまでになることも珍しくありませんでした。

一方で、申し分ないキャリアを積んでいながら、現場では低く評価されてしまう人もいます。教育は間違いなく人の将来を左右する。だとしたら、その教育の秘訣はどこにあるのか、一人で考えあぐねていました。

人生を一変させるメンタルトレーニング

そんな疑問に答えてくれそうな人物と出会いました。プロゴルファーや野球選手のメンタルトレーニングコーチとして名を馳せていた飯田明氏です。元西武ライオンズの清原和博選手のプレーを劇的に変えたことでも知られ、東京ディズニーランドの社員研修を手がけるなど、一流企業の人材開発でも定評がありました。

その飯田氏の講演会があると聞き、矢も盾もたまらず申し込みました。人生を一変させる驚異のメンタルトレーニングとは何なのか、この目と耳で確かめたいと思ったのです。

講演は予想を裏切らぬ感動的な内容で、飯田氏からもっと学びたい、彼の下で修業させてもらえないかと強く思いました。**即断即決、思い立ったらすぐ行動に出るのが私の流儀です**。講演会後の懇談会で直々にお願いしてみることにしたのです。

懇談会で大手金融機関や製造会社など、様々な業種の経営者たちに囲まれていた飯田氏と直接話せる機会をうかがい、すかさず彼の方へ歩み寄りました。

「はじめまして。本日は素晴らしいご講演を聞かせていただき誠にありがとうございました。あの、突然ですが……。私を飯田先生の下で働かせていただけないでしょうか？　ぜひ飯田先生の下で学ばせていただきたいのです」

突然の申し出に飯田氏は少し困惑した様子でしたが、せめて話は聞いてくれそうです。この機を逃さず、自分自身のアピールと将来の目標について端的にお伝えすると、飯田氏は私に興味を持ち始めました。そして、こう答えてくれたのです。

「そうですか、あなたの実績があれば当社で今以上に稼げるようになりますよ」

私は飯田氏の弟子の座を射止めるのに成功しました。

A社での引き継ぎ業務もすませ、女性事務員が一人いるだけの飯田氏のオフィスがあるマンションへ向かったのは、この運命的な出会いから二ヵ月後のことでした。給料はフルコミッション制。つまり自分の給料は自分で稼ぐしかありません。しかし、A社では一人で年間三億円以上の売り上げを出していたので、飯田氏の言う通り、もっと稼げる自信がありました。

私の業務はさまざまな企業に飯田氏の研修プログラムを売り込むことでした。無形であり、成果が見えづらいと思われており、その割には高価な〝商品〟です。企業にアポをとっては社員教育の必要性を説き、持ち前の営業力で粘り強く交渉を続けましたが、期待した反応を得ることはできませんでした。〝スポーツ選手にメンタルトレーニングをしてきた人に社員教育を任せるほどの金や暇などない〟と、取りつく島もありません。一ヵ月、二ヵ月、あっという間に半年が過ぎても、一件も契約が成立することはありませんでした。

仮にも前職では、最年少責任者であった私が給料ゼロで半年間も仕事をしていたわけですから、さすがに滅入ってしまいます。ついに飯田氏に泣きつき、研修アシスタントの名目で、日給六千円の手当をもらうことになりました。これでギリギリの生活は維持できるようになりましたが、朝から晩まで研修アシスタントとして勤務しているので、肝心の営業をする時間がありません。自ら招いた事態とはいえ、時の経過とともに自信が失われていきました。派遣業界に戻ってしまおうかと、投げやりになったこともあります。

ビジネスという名のグランドに礼を尽くせ

そんな私を見透かすように、飯田氏は私に「おまえの取るに足らないプライドなんか捨ててしまえ」と口癖のように繰り返して言いました。確かに私は、こと営業に関してプライドがありました。また、そのプライドを捨てたからといって成績があがるとも思えず、捨てろと言われる度に、必ず数字を出してやるという反発心が強くなっただけです。

いつも二人で仕事をする飯田氏の事務所は、緊張感を持ちにくい職場でした。マンションの一室を使っていたので、自宅にいるような気分になってしまうのです。そんな気の緩みが引き金となり、飯田氏の怒りを爆発させたことがあります。

飯田氏のデスクの背後にある棚には、過去に研修を受講した方々が書いた感想文のファイルがあり、私も必要な時に引っ張り出しては仕事の参考にしていました。ある日、そのファイルを自分のデスクの上に置いたまま帰宅したのです。どうせ朝一番に来るのは自分だから、翌日片づければいいと思ったのですが、その日に限って飯田氏が先に出社し、ファイルを出しっぱなしにしていたことをきつく詰められました。

癪に障った私が「ただの原稿用紙じゃないですか」と口答えすると、飯田氏は「これがすべてであり、財産なんだ！」と、ものすごい剣幕で怒鳴りつけてきたのです。

「いいか、よく聞け。お客様に研修を受けていただき、お客様と一緒に作り上げてきた研修プログラムの集大成が、この原稿用紙に書かれてある感想文なんだ。私が稼がせてもらうことのすべてが、ここに凝縮されている。

人様の家を建てる**プロの大工は、昼ごはんを食べる時も、仕事を終えて帰宅する時も、自分の道具は片時も目を離さず大事にする。**そこらへんに道具を置きっぱなしにするような奴には絶対に仕事を任せない。プロのスポーツ選手が自分のバットやグラブを大切にすることと同じだ。だからおまえはプロじゃない！」

ガツンと頭を殴られたような気分でした。大事な仕事道具をいい加減に扱うような人間に、まともな仕事ができるわけがありません。考えてみれば、原稿用紙の感想文をコピーして、「参考までに読んでみてください」なんて言っていた私を、お客様が信用するでしょうか。

同じ営業でも業界が変われば取り扱う商品も異なり、売るためのアプローチだって変わってきます。そのことにまったく気づいていなかったのです。それ以来、営業でファイルを持ち歩くことがある場合は、バッグに放り込んだりせず、きちんとしたケースに収めてお客様に見せるようにしました。

飯田氏が事務所を常にきれいにしていたのも、仕事道具を大切にする気持ちと通じるものがありました。その理由を、こう語っていました。

「プロのスポーツ選手も私たちと同じビジネスマンだ。稼がせていただくグランドには礼をして入場し、礼をして退場する。神聖なグランドをきれいにするのは当たり前のことだ。だから俺も事務所をきれいにするんだ」

新規開拓の営業でお客様の事務所を訪問する際も、しっかりとお辞儀をして入る。生活の糧を生み出す聖なる職場に礼を尽くすのは、働く者の義務だというのです。セフォラで身をもって会得したはずの掃除の意味を、思いがけぬ形で知らされました。

私はA社でトップセールスマンになってから、営業は数字であると思い込み、お客様を第一に考えることを忘れていたようです。飯田氏が口をすっぱくして「取るに足らないプライドなんか捨てろ」と言っていたのは、まさにそのことでした。

それまでの仕事を振り返ると、お客様に対していかに自分が横柄だったか思い知らされます。貴重な時間を割いて話を聞いてくれたお客様に対して、「契約しないなんて話のわからない客だ」というくらいに思っていたのですから。お客様に必要なものを提供するのではなく、自分の業績のために商品を売りつけようとしていただけだったのです。

考えを改めて一年が経つ頃、社員研修の営業もようやく成果が出始めました。大手金融機関の研修を受注し、他企業からも多数の依頼がありました。私が入社した当初は年間一二〇日だった研修実施が、三年目には年間三〇〇日となり、休む暇もなく働き続けました。

自分で選んだ道に逃げ道はない

飯田氏の下での修業を終えた後、私は三〇歳まであとわずかというところまできていました。社長になるという目標は意地でも達成したい。そう思っている時に出会ったのが、パチンコ業界向けのコンサルタントグループ企業でした。

そのグループ企業はパチンコ業界では名を轟かせていましたが、業界外での実績は乏しく、業種業態を問わぬコンサルティング事業を展開する新会社を設立したいと考えていたようです。企業の教育研修で実績をあげていた私は、その新会社の社長にうってつけの人材でした。こうして私はヘッドハンティングされる形で、学生時代から目標だった社長の座を射止めることができたのです。

ところが、夢がかなったと喜んでいたのも束の間、すぐに「子会社の雇われ社長」の現実に直面することになります。私がイメージしていた社長とは、会社運営の意思決定権があり、資金を投入する判断も自らするというものでした。しかし、**グループのなかで子会社の雇われ社長は、グループの会長からすれば部長のような存在にすぎません**でした。

私一人の力ではどうにもならない企業のしがらみ。それを打破するには、目に見える売上げを出すしかないと考え、私はがむしゃらに働きました。ただ単に自分の業績をあげるためではなく、お客様に必要なものを提供し続ければ、必ず数字はついてくると思っていました。

ただ、今にして思えば、このグループ企業の理念を理解し、その経営方針に従って営業していたわけではなかったかもしれません。あくまでも自己流で難問を解決しようとしていたのです。そして、そこに思わぬ落とし穴がありました。

私とグループ企業との間に生じた経営手法のズレは、自分でも気づかぬうちに大きくなり、とりかえしがつかないほど広がっていました。ある朝の役員会でのことです。予想だにしない決定が私に言い渡されました。

「髙橋君、君には社長を降りてもらう。まったくもって我が社の方針に反している」

私のやり方は最後まで理解してもらえず、たった八ヵ月で社長から平社員に降格になったのです。私のプライドはズタズタにされてしまいましたが、ぐっとこらえました。「取るに足らないプライドなんか捨ててしまえ」という飯田氏の言葉が、頭の中でコダマのように響き渡りました。

ここで辞めたら負けを認めることになるし、そもそも自分で選んだ道なのだから、逃げ道などどこにもありません。社長に返り咲くチャンスを伺いながら、かつての部下の下で黙々と働き続けました。

結局、私は六ヵ月後に別の子会社の社長に任命されましたが、自分の目標が達成される見込みはないと気づき始めていました。会社の社長であるためには、自分ですべての責任を負わなくてはなりません。私にはその覚悟があり、機は熟したと確信するに至り、新会社をたちあげる決心をしました。

理想と現実の行動を一致させる

当初、私が考えていた社名は秀志社でしたが、恩師であり、セフォラ・ジャパンの初代社長にお会いした時に考えが変わりました。

「髙橋君、世の中には志という言葉を安易に使う輩がたくさんいる。実践実行の世界で生きるんだ」

こう言われてから、彼は私に『論語』の一節を教えてくれました。

子曰わく、苗にして秀でざる者あり。秀でて實らざる者あり。

良い苗でも穂が出ないものがあれば、穂が出ても実らぬものもあるように、せっかく才能がありながら、何も開花させないまま消えてしまう人がいます。人は誰も、自分にしかない優れた資質、能力、才能を持って生まれてきています。それを私は生まれながら手にした「ギフト」だと思っています。親から授かったそのギフトを力に、人生を開花させる人がいる一方で、十分に生かしきれない人もいるのです。

自分の能力を過信し、〝何のために働くのか〟を考えることなく会社を辞めてしまったり、花が咲くまで自分の能力を開発しようとせず、ようやく花を咲かせてもすぐに枯らせてしまうことがあります。

生まれ持ったギフトを開花させるには、自分の理想を持ち、その理想を実現させるために決して努力を怠らず、初心を貫徹することに尽きます。つまり、理想と現実の行動を一致させ続けることだと思い至りました。実るという字の旧字の「實」の中には、貫くという字があり、私は社名を秀實社に決めました。二〇一〇年一月のことです。

会社創立から四期目に入った今も、實という字を社名に込めた思いに間違いはなかったと確信しています。私は社長になるという理想を掲げ、その理想を達成するために現実の行動を一致させてきたつもりです。三〇歳で社長になるという想いを胸に抱き、自分の限界に気づいて変化を恐れずに挑戦し続けたからこそ、自ら率先して働く場所と環境を変え、理想を実現させるために進化し続けてきました。

「ゴミ拾いなどやっていても社長になれない」という偏狭な考えを改めることで、働くことの意味を知り、人材派遣業界でトップセールスマンだったから教育業界でもやれるという驕りに気づき、仕事ができるありがたさを学びました。人から与えられた立場に甘んじていれば気づかなかったことばかりです。

ファッション業界向け派遣会社のA社から、メンタルトレーニングの権威である飯田氏の下へ転職したのも、生まれ持った自分のギフト（資質、能力、才能）を向上させるために挑戦したかったからでした。

A社の社員は主に、業界の横のつながりで仕事をしていました。ほとんどの営業社員が、一日に一件か二件の訪問しかしていないのに、それなりの結果を出せていたのです。会社もそれで満足していました。横のつながりなどない私は、彼らの五倍以上も営業で駆けずり回り、誰も成し得なかった実績を作りだしました。

そして、派遣業界で仕事をしているうち、人が教育によって仕事に対する姿勢を一変させることを知り、ぬるま湯のような現状の殻を破り、飯田氏の下で修業する道を選びました。

「そこに甘んじているのは嫌だ、挑戦し続けたい」という想いが根底にあったからです。

パチンコをサービス業に変える理念

飯田氏は個人の能力開発を得意としていました。上場企業を相手に社員のモチベーションを高める研修プログラムを実施し、各方面で好評を博しました。彼の講演内容は本当に興味深く、企業相手の研修は年間三〇〇日に達し、リピート率は一〇〇%という驚異的な人気です。

しかし、私は飯田氏の下で働きながら、一つの疑問に行き当たりました。二泊三日の研修を実施した時には、感動のあまり涙を流して〝働きがい〟を見出してくれた企業の幹部社員たちが、研修のフォローアップで半年後にお会いすると、研修で使用したテキストすら持参せず、研修内容などすっかり忘れてしまっていたのです。

研修時の感動も職場に戻ると記憶から薄れ、モチベーションを高めるどころか維持することもできませんでした。挙げ句の果てに、「研修って、やっても成果が出ないでしょ」と担当者になげかれて、何も反論できなかったのです。

誰が見ても申し分ない内容だった、あの素晴らしい研修の何が足りなかったのか。その解答を見出せないでいた時、前職の上司から目の前の霞が晴れるような話を聞かされました。その上司が関わった、パチンコホール最大手企業であるマルハングループの経営改革で実際に起きた出来事です。

マルハンは創業者の韓昌祐会長が一九七二年に設立し、二〇〇九年に売り上げ二兆円を達成した桁外れの企業です。パチンコという枠を超えて数々の文化事業にも貢献し、公的企業として社会で認知されるようになりました。一代でこれだけの企業を作り上げた韓会長の功績は絶大ですが、現在のマルハンを語るうえで忘れてならないのは、会長の息子である韓裕社長の存在です。

韓裕社長がまだ営業本部長だった頃、会長とともに歩んできた創業以来の古参幹部との間で、少なからぬ軋轢があったといいます。パチンコ業界のイメージを変えたいと思っていた当時の韓裕本部長は、「パチンコ業はサービス業」という理念を浸透させると同時に、パチンコを通して社会貢献をしたいという目標を掲げました。将来的にはエンターテインメント全領域に事業を拡大させるビジョンがあったのです。

ところが、当時の社員に、サービス業なら当たり前の接客という概念は乏しく、お客様を監視するのが仕事だと思っている人が多かったといいます。会社側もそのような社員を管理することしか考えていませんでした。

そして、今まで通りのやり方で十分な数字を出していた古参幹部たちは、パチンコをサービス業に変えるという絵空事にしか思えない韓裕本部長の経営改革に強く反発しました。パチンコ屋がひたすら売り上げを求めることのどこがいけないのかと食ってかかり、掴み合いの喧嘩になった時もあったそうです。

それでも韓裕本部長とその側近たちは、改革を諦めませんでした。西日本の古参幹部に「おまえは何様のつもりだ」と怒鳴られていた本部長のある側近は、会議の一時間前に出向き、一人で会議室の掃除をするなど精一杯の誠意を示し、本部長の考えを聞き入れてもらうように粘り強く説得を続けたのです。また、別の側近は、全国各地にある店舗を訪ね回り、清掃要員がいるにもかかわらず、広大な駐車場の掃除を自ら行い、店長や店員に「何か困っていることはありませんか」と尋ね歩きました。

そんな誠実で熱心な姿勢を陰から見ていた古参幹部たちも、韓裕本部長が本気で改革を考えていることを理解するようになり、徐々に絆を強めていきます。こうした地道な信頼関係の構築を経て、「パチンコ業はサービス業」という新たな理念に象徴される「マルハンイズム」が社内に浸透し始め、**会議でもっとも重視される課題も、営業の数字ではなく、全社員にマルハンイズムの価値観を共有させることになっていくのです。**

マルハンイズムの秘訣

ただ、全社員の価値観の共有といっても、一万人もの社員を抱えるマルハンにおいては、そう容易いことではありません。たとえば、全国の営業部長達が、それぞれが担当するエリアの会議でマルハンイズムを訴え、会議終了後に真逆の態度で「数字を出せ！」と言い出してしまうと、社員たちは数字と理念のどちらが大切なのか分からなくなってしまいます。自分で言った以上、上司が模範となり行動で示すしかありません。

マルハンで実践されている行動規範の中には、「決して仲間を見捨てない」という考え方がベースにあります。例えば、遅刻を繰り返すアルバイトがいたとしましょう。パチンコ屋の店員などいくらでも代わりがいると考え、普通だったらクビで終わりです。しかし、マルハンでは店長が遅刻するアルバイトの自宅まで行き、「なぜ来ない、早く起きろ」と起こして、わざわざ店まで連れてくるのです。せっかく同じ職場の仲間になったのだから、アルバイトだからといって簡単に見捨てたりしないと分からせるためです。

幹部社員にサービス業の自覚が持てれば、お客様が利用する店舗をきれいにするのは基本中の基本となり、人に言われなくても店長が率先して掃除をすることになります。二四時間、三六五日、その姿を見続けている副店長や主任クラスの社員に、サービス業の精神が伝わるのは言うまでもありません。

こうして**社員全員が、自分だったらマルハンで何ができるかを考え始め、一人ひとりがミスター・マルハン、ミス・マルハンとして行動するようになるのです。**女性客がお店で失くした指輪を、店員が必死になって探しだすテレビCMには、そうした想いが込められていました。この〝人の変化〟こそがマルハンイズムの核心であり、他を圧倒する経営改革の起爆剤になったのです。

私がマルハンの経営改革で目から鱗が落ちる思いで学んだのは、企業には人材開発と同時に〝組織開発〟が必要だという事実です。

個人の能力開発に重点を置いた飯田氏の研修プログラムは、管理職のマインドやスキルアップのトレーニングに効果があったものの、職場全体の活性化という視点が欠けていました。個人が活性化すれば自ずと職場が活性化するかというと、現実はそうもいきません。上から下まで組織が一体となって活性化する、構造的な改革が必要なのです。そして、その要となるトップが範を示すことが、何より求められています。

私は飯田氏の下で人材開発を学び、取締役社長時代に組織開発の重要性を学びました。その経験を踏まえ、人材開発と組織開発の両輪の軸を活用することで、揺るぎない企業の基礎固めができると確信するに至りました。

全就業時間の一％にも満たない教育研修で人を変えることは不可能です。しかし、**人生で最も長い時間を過ごす職場を変革することで、継続的に人材育成を行うことが可能となるのです。**

永遠に時を告げる時計

私は『週刊少年ジャンプ』に連載され、後にテレビドラマや映画にもなった、高校

野球漫画の『ROOKIES（ルーキーズ）』が大好きです。特に熱血教師として登場する川藤幸一先生の大ファンで、初めて読んだ時に受けた強烈な印象をいまだに忘れることができません。

漫画のストーリーは、赴任したばかりの川藤先生が、不祥事で活動停止中の野球部の再建に乗り出すところから始まります。かつては春の選抜甲子園出場まで果たした伝統ある部も、今や不良たちの巣窟と化し、手がつけられない状況でした。しかし、川藤先生の熱意が不良生徒たちの心を動かし、甲子園を目指して激しい練習に挑み、やがて出場を果たすことになります。川藤先生の想いが部員の心に火をつけ、その火がしだいに広まり、不良のレッテルを貼られた野球部員たちが奇跡をおこしていく様子は感動的です。

落ちこぼれの不良生徒たちが甲子園出場を果たすことになるきっかけは、本気で再建に取り組む川藤先生の存在でした。川藤先生が巻き起こした画期的な環境の変化がなければ、彼らはそのまま鬱屈とした高校時代を送ったに違いないですし、伝説的な成功ストーリーが生まれることもなかったでしょう。環境の変化が彼らの潜在能力を引き出し、想像もできなかった力を発揮させることになったのです。

この時点で、主人公は川藤先生から選手たちにバトンタッチされていきます。燃え広がる火を絶やさないためには、彼ら自身が火を燃やし続けなくてはならないからです。

企業の経営改革にも同じことが言えるのではないでしょうか。マルハンイズムの成功のカギも、まさにそこにありました。私の愛読書で世界的ベストセラーの『ビジョナリー・カンパニー』（日経BP出版センター）にも、そのことが明確に記されています。

すばらしいアイデアを持っていたり、すばらしいビジョンを持ったカリスマ的指導者であるのは、「時を告げること」であり、ひとりの指導者の時代をはるかに超えて、いくつもの商品のライフサイクルを通じて繁栄し続ける会社を築くのは、「時計をつくること」である。

後にまた詳しく触れますが、ビジョナリー・カンパニーとは、未来志向で先見的なビジョンを持ち、社会に大きな影響を与え続ける企業のことです。いかに優れたビジョンがあり、すばらしいアイデアの商品やサービスがあっても、それらはやがて時代遅れになり、市場から姿を消していく運命にあります。それに対してビジョナリー・カンパニーの場合は、商品のライフサイクルを越え、指導者が代を変えても、時の流れに対応しながら繁栄し続ける強固な組織となります。

企業がもっとも大事にすべきものは、すばらしいアイデアの商品やサービスで市場を席巻することや、カリスマ性を発揮して莫大な富を築くことではなく、〝時を越えて存在し続ける意義を見出すこと〟なのです。

ビジョナリー・カンパニーがすばらしい商品やサービスを次々と世に送り出しているのは、組織として優れているからに他なりません。長距離レースで勝つのはウサギではなくカメです。誰より早く〝時〟を告げて成功することより、永遠に時を告げる〝時計〟をつくることが繁栄の源になるのです。そして、その時計を回す一枚一枚の歯車は、モノではなく人であることを忘れてはいけません。

完璧な仕事は自らに課された責務

ルーキーズで甲子園出場を果たした高校の野球部が、再び不良の巣窟に転落すること

とはないでしょう。なぜなら、彼らを見て育った後輩がその先を目指し、常勝校としての伝統を受け継ごうとするからです。一時の気の緩みもない真剣な姿勢なしに、難関は突破できない。先輩たちの後ろ姿を見て育った後輩たちも、そのことに気づいているはずです。

海難救助に携わる海上保安官の活躍を描いた映画『海猿』では、ボンベの酸素量を入れ間違えただけで、訓練中に隊員が命を落としてしまうこともあります。たった一つのミスで人が命を落とすこともあれば、会社が倒産に追い込まれることだってあります。だから、酸素の量を間違えるような初歩的なミスは絶対に犯してはならないですし、どんな職場であっても、そうした緊張感が常に張り詰めていなくてはならないと思っています。**「まあ、いいか」で済まされる仕事は存在しないのです。**

セフォラで私が初めてビューティーキーパーの仕事を始めた頃、テーブルの掃除は指紋を拭き取るだけで終わりだと思っていました。二〇分後に再び指紋がついていたら、また拭き取るだけ。決められたことだけやるのが仕事だと考えて疑いませんでした。

しかし、何のために掃除をするのか気づいてからは、掃除をする態度が一変しました。見た目はきれいなテーブルも、裏側は汚れていないか、その汚れをお客様が見つけたらどう思うか、その他にも掃除が見落とされている場所はないか。掃除一つとっても仕事には終わりがありません。

さらに、ビューティーキーパーの担当である自分が休みをとれば、結果は火を見るより明らかです。私がいない日に店がホコリだらけになっていたら、セフォラのブランドイメージが著しく傷つきます。仕事に完璧さを求めるようになると、一人が仕事をこなすだけでは足りず、自分に代わって同じ仕事をしてくれる人を育てるのも、自らに課された責務であることに気づきます。

私がセフォラでマネージャーに昇格した後、メイクアップアーティストたちにも掃除を怠らないように義務づけたのは、こうした考えを実践するためでした。掃除一つまともにできない人に責任ある仕事は任せられないですし、全スタッフがセフォラの一員であることを自覚すべきだと考えたからです。

働く意味に気づくと、人は仕事に向きあう姿勢を変えるものです。そして、目の前にある仕事に一生懸命になれば、新しい使命感が生まれ、仲間たちにも広めていこうとします。職場でできる限りの可能性を追求していくうちに、完璧さを求めることが自分の責務であることに気づくはずです。

会社に自分の力を貸す

大学を卒業して就職しようとする時、自分は今まで〝何のために〟生きてきて、どのような将来を理想とし、その理想を実現するために本当に努力をしているのか、鏡に自分の姿を映すように真摯に問い直すべきです。

口先ばかりの理想では実現する見込みはないですし、**理想はあっても現実の行動が一致していなければ、ライフプランなど絵に描いた餅にすぎません。**理想を実現するのが困難であることを時代や社会のせいにする人がいるとしたら、その人には理想を語る資格すらないと言いたいです。

まだ見ぬ未知の世界に旅立とうとする若い人たちに、具体的な自分の理想像を持てと言ってもイメージしにくいかもしれませんが、他でもない自分の人生です。考えて考え抜いた末に、理想が実現できると思う仕事や会社を見極めるべきです。そして、せっかくの理想を単なる机上の空論にさせないためにも、地平線の彼方に輝く目的地に進路を定め、自分の目と足で道を確かめながら、一歩ずつ着実に前進してほしいものです。

ところが、現実には一〇〇人中九九人の人が、こうしたライフプランを持たないまま、なんとなく就職し、働く意義を見出せずに、五年、一〇年という歳月を無為に過ごし、やがて将来を悲観するようになります。そういう人に限って、同僚や友人に向かって会社の不平や不満を平気で口にします。

「仕事がつまらない」

「こんな会社にいつまでいてもしょうがない」

「どうせ俺は使い捨て雑巾だから」

こうした話を口癖のように言い、自分ばかりか周囲の人のやる気まで削いでしまうのです。

昨今の雇用情勢の悪化も、働くことの意義を見出せない社会人を量産するのに一役買っているようです。仕事の意義を語る前に、就職戦線をいかに勝ち抜くかが学生の最大の関心事になっているので、就職活動を有利に導く情報が何より優先されるようになりました。会社を選ぶ基準も、給料や福利厚生などの現実的な尺度ばかり。より恵まれた条件の会社に就職した人が勝ち組で、そうでない人が負け組になる、活気も味気もない社会通念が幅を利かすようになりました。

年収や会社の仕組みが大事なのは言うまでもありませんが、〝何のために働くのか〟見出せないまま仕事をしたところで、ベルトコンベヤーで流れ作業をしているのと同じことで、幸せな人生を手にすることはないでしょう。その会社の中で落ちこぼれていくのも時間の問題です。受験勉強を勝ち抜くほどのポテンシャルを持っているというのに、実にもったいない話です。

また、親に負担をかけたくないという理由で大学進学を諦めた人が、「俺は大学を出ていないから出世できない」と投げやりな気持ちで仕事をするのもおかしな話です。大学に進学しない決断をしたのは親ではなく本人です。一日でも早く社会に出て働くといった人に尊敬される決断をしたのだから、親や社会のせいにするのではなく、その気持をバネにして理想を追い続けてもらいたいものです。そうすれば必ず働く意義が見つかり、思い描いていた仕事を手にすることができると信じています。

たった一度しかない人生です。自分にしかできないことを追い求め、会社という場を活用し、生まれ持った資質、能力、才能を存分に発揮すべきではないでしょうか。

会社に自分の力を貸す意気込みで働けば、必ず評価される日が訪れ、会社にとってなくてはならない人材になるはずです。

あなたは歯車にさえなっていない

受験勉強と就職戦線を勝ち抜き、大企業に就職することが勝ち組と考える人もいるかたわら、それだけでは物足りないと考える意欲ある大学生も少なからずいます。かといって彼らに明確なビジョンがあるわけでもない。そんな漠然とした疑問や不安を抱える六大学の学生たちを集め、ベンチャー企業の想いを伝えるセミナーが企画され、私自身もパネラーとして参加したことがあります。

そうした場で私が特に主張することは、どの会社で働くかではなく、〝なぜ働くのか〟です。

その時私の講演を聞いたある名門大学の女子大学生が、働くことの意義を学びとりたいと秀實社を訪ねてきたので、私は彼女に掃除を任せてみました。理由は〝何のために掃除をし、何をもって掃除は終わるのか〟掃除というごく当たり前の行為を通して、仕事をする意味を考えてもらうためでした。

しかし、優秀な学歴を持つ学生でも、掃除を命じられたことの意味がまったく理解できず、机を少し拭いただけで「終わりました」と言うのです。あちこちにホコリが見えるのに、いったい何が終わったのですかと尋ねても、キョトンとしているだけでした。

職場は人が働く大切な空間であると同時に、お客様をお招きするビジネスの舞台でもあります。その職場をきれいにするのは仕事に向きあう最初の第一歩。エリート意識が邪魔して掃除一つ終わらせられないようでは、あまりに責任感が希薄であり、任された仕事を全うしていません。

掃除をすることの意味を理解し、掃除を任されたあなたがいなくても職場がピッカピカであることまで考えなくては、本当の意味での掃除の終わりはない。そう伝えると彼女は初めて、職場における自分の存在意義というものを明確に意識するようになりました。

大学の授業では働くことの意義を学びづらく、親の教育や知人の助言が得にくい環境で育った人は、社会人になっても働くことを意識しようとしません。意識しないというより、知らないというべきでしょうか。

知らないまま仕事をするから、「こんな会社にいつまでいたってしょうがいない」「どうせ俺は使い捨て雑巾だから」「俺は大学を出ていないから出世できない」といった不平不満が次々と口から出てしまうのです。そして、類は友を呼ぶように、社内で淀んだ空気の吹き溜まり集団が形成されていきます。

ルーキーズで甲子園出場の快挙を遂げたのは、野球部ではなく野球部員たちです。彼らが一枚一枚の歯車となってしっかり噛み合い、連戦連勝を果たす強固な野球部を創り上げました。仕事の意味を知ろうともせず不平不満ばかり言う人たちに、私はこう問いたいです。

「あなたはその会社の社長に請われて入社したのですか？　そうではなく、入社希望を出し、採用面接を受け自分の意思で入社したのではないのでしょうか。そもそもあなたは、会社の歯車にさえなっていないのではありませんか？」

自分の意思で選んだ仕事なら、そこから逃げることは許されません。一度逃げれば二度、三度と逃げ続け、気がついた時には逃げっぱなしの人生になってしまいます。

縁があって結婚し、築きあげた家庭に、大きな災難が降りかかったとして、家庭を捨てて自分だけ逃げることができますか。家庭であれ会社であれ、人と人のつながりがあるところには必ず絆が生まれます。絆を無視することは自分を否定することに他なりません。

給料のために毎日出勤するだけで、会社の歯車になる気もない人に、仕事が任せられるでしょうか。一台の自動車は一〇万個程度の部品でなりたっていますが、一つの部品が欠けても正常に走れなくなります。社員が三万人いる大企業も、全員が歯車になって初めて力強い動きを見せます。噛み合わない歯車は部品交換で破棄される運命にあります。**働くことの意義とは、歯車になることに他ならないのです。**

あなたが選ぼうとする会社、あるいはすでに就職した会社は、いったいどんな時を告げようとしている時計なのか。そして、あなたはその時計の中でどんな歯車になろうとしているのか。それを知ろうとしないと、あなたという歯車はどこにも噛み合えず、暗い時計の中で止まったままになります。歯車が回ってもいないのに、給料が安い、会社がよくないなどと言う前に、あるがままの自分の姿を直視すべきです。

会社に誇りをもてない社員

では、理想を実現することができる会社を選ぶ秘訣はあるのでしょうか。言うまでもなく、会社はモノではなく〝人〟の集まりです。そうであるならば、会社を箱として見るのではなく、そこに働く人に焦点を当てて考えてみてください。なかでも重視すべきは、その会社のトップの考え、つまり経営理念です。

会社に対する評価を、株価や資産価値、損益計算書や貸借対照表といった指標で判断するより、その会社の経営者が何を考え、どう行動してきたのか知ることのほうが大切です。さらに言えば、トップの言動に焦点を当て、会社を将来どの方向に導こうとしていて、そのために社員とどのように接しているのかを徹底的に調べるのです。

これだけの情報社会ですから、調べる手段はいくらでもあります。企業の代表が書籍を出版しているなら、その中に経営者の考えはすべて詰まっています。そうした書籍で主張されている内容を客観的に検証するため、専門書やインターネットを活用することで真実が見えてくるでしょう。

一度就職すればその会社に人生の大半の時間を費やすことになります。にもかかわらず、その会社の本質を知ろうともせず、給料や福利厚生といった条件面だけ調べて、何となく就職してしまうのは、実に不幸なことだと感じています。

ある上場企業の人事担当の人に、その会社の経営理念についてお尋ねした時、自社のホームページにちゃんと記載されてあるにもかかわらず、「え～と、一字一句は答えられませんが…」と答えられ、こちらが面くらったことがあります。自社の社長が出版した書籍も、「とりあえず目を通してみました」などと臆面もなく語るのですから、あいた口が塞がりません。人事担当者がこの調子では社員の考えは推して知るべし。身を粉にして会社に貢献しようとは思っていないはずです。

自分の会社や仕事に誇りを持てない社員は、他の会社にも同じような態度で接しようとします。新規顧客を開拓しようとする営業マンが、相手企業のホームページをぺらっと見ただけで知ったつもりになり、押し売りのようなセールスを繰り返すことがよくあります。相手企業のニーズを的確にとらえ、その経営に貢献する気構えで商談に臨んでいるわけではないので、何のために自社の商材を提案するのかさえ理解していません。こういう社員が営業をすればするほど、その会社の信頼は失墜することになります。

夢の王国を築く一員

その対極にある会社が、最高のホスピタリティ提供で他の追随を許さないと誰もが認める、東京ディズニーリゾートを運営するオリエンタルランドです。千葉に住んでいた私は幼い頃から東京ディズニーランドに親しみがあり、その経営のあり方というものを漠然とですが肌で感じています。

東京ディズニーリゾートには毎年二五〇〇万人ものお客様が訪れ、リピート率が毎年九八パーセント前後に達するほど高い顧客満足度を維持し続けています。しかも、この会社の九割が正社員ではなくアルバイト。東京ディズニーリゾートの成功の秘訣を一言で表現するなら、正社員やアルバイト分け隔てなく、そこで働くすべての人が誇りを持って仕事をしていることです。

私の元上司が東京ディズニーランドの社員研修を担当したこともあって、心からのおもてなしでお客様に喜んでいただくことを第一義とする、東京ディズニーリゾートの企業精神に触れる機会が多々ありました。

オープン当初、一般的な遊園地の規模から考えるとアルバイトの数は四〇〇人で十分だと考えられていましたが、その一〇倍の四〇〇〇人に増やしたことからして桁外れです。建設候補地も広大な敷地が確保できる御殿場市などが俎上に載りましたが、富士山が見える場所ではお客様にディズニーランドの世界を満喫してもらえないとの判断で、東京から近い千葉県浦安市の埋立地に絞られたといいます。

九〇年代に新たに作られたスプラッシュ・マウンテンの上まで行くと、今は浦安市が少しだけ見えてしまいますが、あれができるまではディズニーランドのどこから見ても高速道路や高層ビルの姿はなく、そこには夢の王国と空しかありません。夢から覚めることがないから、東京ディズニーランドにいれば他のことを何も考えなくていいのです。

お客様に提供するハードの環境をここまで徹底させているのですから、ソフトに対するこだわりも尋常ではありません。広く知られているように、東京ディズニーリゾートではお客様をゲスト、社員をキャストと呼びます。ゲストが目にするのはすべて「オンステージ」であり、ゲストの目に触れない舞台裏は文字通り「バックステージ」と位置づけられます。オンステージで行われているのはすべてショーであるため、表舞台で働く社員はパフォーマンスをする出演者、つまりキャストになるのです。

キャストはディズニールックの基準に沿ったコスチュームを着用するだけでなく、ディズニーのコンセプトや知識を身につけなくてはなりません。**ギフトショップで働くキャストでさえも、ディズニーのことなら何でも答えられます。**

「あの壁に書かれているレリーフの意味は何ですか？」と尋ねると、ガイドブックに載っていないバックグラウンドストーリーまで教えてくれるのです。アルバイトにそこまで要求する会社がどれほどあるでしょうか。

なぜそれが可能なのかと言うと、すべてのキャストが夢の王国ディズニーの一員であることに誇りを持っているからです。最高のショーを提供することに喜びを感じているキャストが手抜きをするわけがありません。

お客様に文化を提供する

これと似た形で成長を遂げた会社に、いまやコーヒーの代名詞になったスターバックスがあります。イタリア語でバーテンダーを意味するバリスタが、お客様の好みに応じてカスタマイズしたコーヒーには、何杯でもお代わりが可能なファミレスのコーヒーにはない楽しみが凝縮されています。

ゆったりしたソファーや落ち着いた照明など、長居したくなるようなインテリアにフレンドリーな接客。お客様がリラックスできる環境を用意し、おしゃれで質の高いコーヒーを提供する考えは世界中に受け入れられ、今や全世界で四〇ヵ国以上、店舗数は一万六〇〇〇店を超えます。スターバックスの登場により、ヨーロッパで笑い草になっていた〝アメリカンコーヒー〟は影を潜め、アメリカのシアトル市を発信地とした新たなコーヒーの文化が生まれました。

スターバックスを生活の一部にしている人も珍しくありません。立地がいいので商談にも頻繁に利用されています。ミシガン州のある店舗では、カスタマイズが異なるコーヒーを毎朝二〇個近く買っていく男性がいたのですが、運び先は近くのガン専門の病院でした。ベッドから動けない患者たちに代わって、好みのコーヒーを運んであげていたのです。

スターバックスで何より重視されるのは、快適な「スターバックス経験」を通してお客様に文化を提供することです。入院中の患者が楽しんでいたのも、コーヒーの味だけでなく、健康だった頃に味わったスターバックス経験でした。

単に経営規模を拡大するだけで、ここまで裾野の広い文化を創り上げるのは不可能です。全世界にあるすべての店舗で、同じ質のスターバックス経験をしてもらうには、日々お客様に接する社員の教育が欠かせません。**文化を提供する以上、社員と会社の考え方や価値観が一致していなくてはならないからです。**そのためスターバックスでは、社員の能力開発に広告宣伝費より多くの予算を割いています。

社員をパートナーと呼ぶのも、こうした企業風土からくるものです。社員はともに経営を考え、独自の文化を作り上げるビジネスパートナーでもあるので、質の高い経営が維持できるのです。

今から七年ほど前、私は神奈川県川崎市にある大型商業施設の「ラゾーナ川崎プラザ」の社員研修に関わったことがあります。そこで特に力を入れたのは、東京ディズニーリゾートのような夢の王国を感じる空間を演出するため、お客様に施設を案内する女性アテンダントスタッフの教育を徹底させることでした。

私たちが女性アテンダントスタッフに要求したのは、ラゾーナ川崎プラザに出店した約三〇〇店舗のブランド名だけでなく、企業概要や商品価格帯まで覚えることです。施設を訪れるお子様からお年寄りまでの対応も、接客ロープレをしながら身につけてもらいました。彼女たちに施設を逐次巡回させ、お客様にきめ細かいサービスを提供するためです。

その結果、ラゾーナ川崎プラザのアテンダントスタッフは評判になり、彼女たちに会いに訪れてくるお客様も増えてきたのです。

大手チェーンの居酒屋などで働くアルバイトの方々は、おそらく親会社の名前など知らないでしょうし、会社の経営方針などまるで関心がないのが事実でしょう。やる気がないから接客も雑にならざるを得ないし、長続きせずにすぐ辞めてしまいます。そんな姿勢で働いている限り、東京ディズニーリゾートのキャストやスターバックスのパートナーが抱く自負心は、永遠に芽生えません。

人の役に立ちたいという想いが仕事になる

私は母から「情けは人の為ならず」と言われて育ちました。この言葉は、「人に情けをかけるのは、結局はその人のためにならないのですべきでない」と誤認されることが多いのですが、本来は「情けは人のためではなく、いずれは巡って自分に返ってくるので、誰にでも親切にしておいた方が良い」という意味が含まれます。善悪の行いがそのまま結果として戻ってくる因果応報の教えに通じるものがあります。なかでも、自分の行いの報いは、必ず自分に跳ね返ってくるという、「自因自果」の考え方に近いものがあると感じています。

母が私に伝えたかったことも、「あなたができることを精一杯やりなさい」ということだったのだと感じています。自分にも人にも、その時にできることを精一杯やれば、いずれは自分のためになるということだったのでしょう。だから私が「やる」と言ったことを手抜きしていると、母は私を厳しく叱りつけました。

小学生の時に習っていたスイミングも、「あなたがスイミングをやりたいと言ったからスクールに入れたのよ。自分から言って始めたことを、成果も出ないうちに理由もなく中途半端に投げ出すのはおかしいでしょ？」と絶対に辞めさせてもらえませんでした。小学生ながら母の言葉に一理あると思った私は、さすがに反論できず、スイミングスクールへ通い続けました。その結果、五歳で二〇級からスタートして、小学校一年生の時には一級になっていました。

「自分に負けず妥協するな」

「成果がでないうちに投げ出すな」

自らを律すれば、必ず結果はついてくる。身をもって自因自果の教訓を得たと思っています。

私がお世話になっているアフラック（アメリカンファミリー生命保険会社）日本社創業者の大竹美喜最高顧問は、人が働くうえで心がけるべきことが四つあると語っています。「倫理観をもつ」「時間を節約する」「常に志を持つ」「夢と感動を持ち続ける」の四つです。倫理観を持つとは、金儲けには手段を選ばない人間にはなってはいけないという戒めです。そして、時間を節約するとは、志や夢を実現させるために限られた時間を無駄にしてはいけないという意味です。そこで語りかけようとしているのも自因自果の世界に他なりません。

大竹最高顧問は「人の役に立つ仕事がしたい」という信念を貫き通してきた人です。必ずしも順風満帆な人生を歩まれてきたわけではなく、たび重なる挫折を乗り越え、道なき道を自ら切り拓いてきました。若い頃は政治家を目指したこともありましたが、思い描いていた「無償の奉仕」とはかけ離れている現実を知り、身を引く決意をします。しかし、縁があって身を投じた保険業界で頭角を現し、外資系損保のＡＩＵでトップセールスマンに上り詰めました。その時の経験から、人の役に立ちたいという想いこそ仕事になり、その仕事は自分で作り出すものだと確信されたといいます。

自分は何のために生まれ、どんな仕事をすれば社会の役に立てるのか、そのことばかり考えてきた大竹最高顧問が行き着いたのは〝教育〟でした。より多くの人に幸運をつかんでもらいたいと思ってのことですが、幸運というのは、それを強く願った人にしか訪れません。**幸運をつかむには、自分で運命を切り拓こうとする覚悟が必要であり、そのための羅針盤となるのが教育です。**

人の役に立ちたいという想いがなければ、夢のある仕事をすることはできない。まさに「情けは人の為ならず」です。残念ながら、人の為に何をすべきか教えようとする親は多くありません。自分の子供が受験戦争や就職活動で勝ち抜く術しか教え込もうとせず、他人はどうなってもいいという利己的な発想が社会に蔓延するようになりました。

しかし、二〇一一年三月一一日に発生した東日本大震災は、日本人が本来もっていた絆を呼び覚まし、日本再生の芽を育もうとしています。多くの人が利他的発想で社会と向き合うことの意味を意識し始め、その想いを世界に発信しようとしています。

人の役に立ちたいという想いは世界に通じます。グローバル化の掛け声ばかりで、一向に島国根性から抜けきらない現状を打破したいと考えていた大竹最高顧問は、二〇一二年四月に設立された学術団体「グローバルビジネス学会」（理事長・京都大学大学院小林潔司教授）の会長に就任し、二一世紀の世界で活躍できる人材育成にも奔走しています。

もう一度、仕事についてじっくり考えてみてください。自分が理想とし、世の中で高く評価される仕事とは何なのか。仕事とはお客様に感謝されるためにあり、そこで得た利益も、お客様に感謝され続けるための経費になります。**人の役に立ちたいという想いが、いずれ仕事として巡ってくるのです。**

第2章

成長する会社を見極める

企業は人なり

　世界には百年以上続いている会社が四万社あり、日本にはその約半数を占める二万七四四一社もあります（東京商工リサーチ全国「老舗企業」調査、二〇一二年八月）。個人経営による同族企業が圧倒的に多いのが日本の長寿企業の特徴で、馴染みのお客様との取引を大事にしながら、地域社会にしっかり根をおろした手堅い経営をしていますが、企業規模の拡大や経営刷新にはあまり関心を示していません。

　しかし、時代は大きく変化しており、これから先さらに百年続く会社を目指すのであれば、今まで通りの経営では立ち行かなくなります。

　企業が成長し続けるためには、まずは成長意欲がなくてはなりませんが、そのうえで重要なのが、確固たる経営理念を掲げ、将来を見据えた戦略的なビジョンを持つことです。さらに、お客様や地域社会を大切にすることは言うまでもなく、社員一丸となった経営革新を続けることが肝要です。

同じことが人にも当てはまります。将来の理想を持ち、お客様や会社の仲間を大切にするだけでなく、地域社会にも貢献し、己の能力を開発し続けなくてはなりません。そうした努力を怠れば、あっという間に社会で必要とされない人間になってしまいます。

「企業は人なり」といいます。企業は人の集合体ですから、人と同じように考え、行動し、そして変化し続けなくてはなりません。

しかし、将来を見据えた戦略的ビジョンを持ち、経営革新をしろと言われても、言葉では理解できても実行に移すのは容易ではありません。いったいどんなビジョンを持ち、どのように経営革新をすればいいのか、見当もつかない方も多くいます。どれをとっても難題だらけで、よほどの知識と実行力がなければ目標は達成できないかもしれません。

だからこそ、陣頭指揮を執るトップには優れた判断力と実行力が求められています。

〝何のために〟会社が存在し、何を目指しているのか、頭の中で明確に描かれていなくてはなりません。しっかりとした信念や理念を持つトップが指導力を発揮し、ビジョンを実現させるための経営革新ができるかどうかが、会社の命運を分ける鍵となります。

情熱こそ経営理念の正体

　トップに託された課題はそれだけではありません。カリスマ性あるトップが一代で莫大な富を築きあげ、すばらしいアイデアの商品やサービスで市場を席巻しても、それらもいずれは時代遅れになります。前章で触れた通り、長距離レースで勝つのはウサギではなくカメです。トップがいち早く〝時〟を告げて成功することより、永遠に時を告げる〝時計〟のような会社を創ることが求められるのです。

　つまり、**企業が成長し続けるためには、トップが誰になろうと〝揺らぐことのない経営理念を掲げ、それを社内に浸透させる〟努力を続けなくてはなりません。**戦略的ビジョンと経営革新は、常に動き続ける時計の中でしか生み出されないのです。

　時代が急速に変化している時に、過去の栄光に固執していても仕方ありません。着物の生活様式から洋服に変わって反物が売れなくなったように、古き良き時代の象徴だった百貨店も役割を終えつつあり、年を追うごとに専門小売店が勢いを増しています。また、電子化によるペーパーレス文化の普及は、メディアで支配的影響力を維持してきた紙媒体の影響力を一気に押し下げています。

変わらなければならない状況は刻一刻と生まれているのです。伝統は大切ですが、企業は社会貢献をするための公器であり、古いものにしがみついているだけでは社会の役に立てません。常に新しい経営スタイルを模索し、挑戦を恐れず前に進もうとしなければ、会社の存在意義は時間の経過とともに不明瞭になり、いずれ社会から淘汰される運命になります。

成長し続ける会社には、信仰に近いほどの情熱があり、それは時として会社の利益より優先されます。実は、その情熱こそが経営理念の正体であり、会社の存在理由でもあります。存在し続けようとする情熱があるから、急激な社会の変化にも対応しようとしますし、社運をかけた挑戦も厭いません。また、挫折してもすぐに立ち直ることができるのです。情熱がなければ戦略的ビジョンを描くこともできないですし、経営革新のしようがありません。

言わば会社にとって経営理念は、情熱が漲る心のようなものです。他所の会社から文言だけ借りてきただけでは心は宿りませんし、自分の心を他人に考えてもらうのも不可能です。自ら試行錯誤を繰り返し、本当に信じられるものを探し出すほかありません。

社員が陥る自己流の落とし穴

私は今でも、社会人一年目にして〝働くことの意味〟を教えてくれた、あのセフォラという会社に感謝しています。今振り返ってみても素晴らしい会社ですし、その経営哲学から学ぶことも多いと感じています。

ただ、セフォラは結果的に日本市場からの撤退を余儀なくされており、その経営が必ずしも盤石だったとは言えません。ではなぜセフォラは日本での経営に失敗したのか、当時の私にはよく分かりませんでしたが、今ならはっきりと言えます。**最大の敗因は、セフォラの経営理念が社員に浸透していなかったからです。**

私を含めた当時の社員は、セフォラで働いていることに誰もが誇りを持ち、チームワークもしっかりとれていました。セフォラのブランドイメージも良く、お客様に対するサービスも完璧でした。にもかかわらず、どこかちぐはぐした感じがありました。何かのバランスが崩れていたのです。

セフォラに採用されたオープニングスタッフは、シャネルや資生堂などの一流ブランドでの経験者が多く、それぞれが元の職場での仕事のやり方に自信を持っていました。考えてみると、そうしたプライドが本人も気づかぬうちに仕事に影響を与え、セフォラとしての統一感を出しにくい状況を生み出していました。メイクアップアーティストや化粧品の販売員は、セフォラであってセフォラでないバラバラの自己流でお客様に接していたわけです。

また、ショップの運営を担うストアディレクターが、セフォラの基本的な理念や経営方針をスタッフに伝え続けることもありませんでした。メイクアップ、スキンケア、フレグランス、そしてビューティー・キーパーのリーダーたちは、自分なりに仕事のスタイルを考えるほかなかったのです。

実は、セフォラには分厚い経営理念に関するマニュアルがあり、そこに書かれてあることを大切にし続ければ経営理念は浸透したはずです。非常に残念なことですが、日々の業務対応でマニュアルが重視されることはなく、自己流を横行させる結果を招いてしまいました。私もビジネスマンはどうあるべきか学ぶため、書店で売れているビジネス書や雑誌ばかり読み漁っていました。誰もが自己流の教科書を作ろうとしていたのです。

こうした風潮は人事にも影響を与えます。技術があったり売上で数字を伸ばしている人が責任ある地位につき始めると、スタッフの一人ひとりがミス・セフォラ、ミスター・セフォラの気概をもって働こうとは思わなくなります。美の空間を提供するはずのセフォラの理念も、次第に曖昧になりました。単に化粧品を売るだけの会社ではないと言っておきながら、いつのまにか化粧品を売るだけの会社になっていたのです。数字だけで勝負しようとした結果、大手百貨店のマーケティングに勝つことができず撤退へと追い込まれたのでした。

世界に誇るブランドイメージがあり、しっかりした経営基盤がありながら、社員に対する教育を疎かにしたために失敗したセフォラ。もし、今の私が当時のセフォラに戻ることができるなら、セフォラの理念を徹底させて必ず成功させる自信があります。そう思うと余計に悔やまれてなりません。

高尾山の装備でエベレストは登れない

セフォラの例からも、企業にとり経営理念がいかに大切かお分かりいただけたのではないでしょうか。せっかく優れた理念があっても、棚に飾っておくだけでは何の御利益もありません。**経営理念は、あくまでも社員一人ひとりが実践するためにあるもので、その推進力の中心となるのは、経営のトップなのです。**

トップの率先垂範があって初めて、社員は会社経営における理念の存在を意識し始め、理解を深め、そして実践に移すことができます。そのトップに理念を実践する覚悟がなければ、社員に理念が浸透するはずがないですし、トップが理念そのものに無関心であれば、もはや絶望的です。

これからは私が組織変革コンサルタントとして経験した様々なケースを参考に、トップの姿勢が経営にどれほど影響を与えるかについて考えていきます。いずれのケースにも、経営者と社員が共通の価値観をもって働くためのヒントが隠されていて、成長し続ける会社とそうでない会社の違いが浮き彫りになるはずです。

私が組織変革の依頼を受けた会社の中に、社長が何一つ決断しようとしない会社がありました。その社長に理想や理念らしきものがあり、具体的な事業プランまであるというのに、驚くべきことに何の変化も起きませんでした。

その会社は、東京の表参道に面した一等地で中国茶のカフェや教室を運営していました。中国茶カフェという斬新な発想の店を全国展開させ、本場中国のお茶の文化を日本中に広めようとする素晴らしい事業計画を立ち上げたのです。

ところが、実際に組織変革コンサルティングを導入していただくと、様々な問題に直面し、計画はたった二ヵ月で頓挫してしまいます。実はこの会社、収益が上がらない状態が一〇年以上続いているにも関わらず、湯水の如く資金を提供する資産家のスポンサーがおり、経営にはなんの不安材料もありませんでした。そのスポンサーが信頼する社長が考えた中国茶カフェの全国展開にも、莫大な資金が拠出されるはずでした。

社長は中国茶の専門家として講演するほどの人物で、お茶の文化をビジネスに結びつけようとした発想は決して悪くなかったと言えます。しかし、全国展開となると、寝ても覚めても新規事業が発展することを考え、競合他社の動きや収益の見込みを徹底的に分析し、トライアンドエラーを繰り返し、業績を安定させるまで休まないなどの意気込みがなくてはなりません。新たな文化を作り出そうというのですから、本質を追求した経営ビジョン、そして組織的な人材管理が不可欠です。何より人材の有効活用が事業の成敗を分けることになると思いますが、そこに幹部社員たちが猛反発したのです。

事業拡大に伴う強固な経営基盤を築くためには、赤字や黙っていても給料が出るぬるま湯のような環境をガラッと改め、社長の考えを代弁し、模範となる行動をとれる有能な幹部を育成する必要がありました。名ばかりの役員や部長ではなく、本気で事業を推進してもらうために弊社コンサルティングを導入したのですが、彼らにそんな意思は毛頭ありませんでした。彼らにとって現状維持が最良の選択だったのです。

中国茶カフェの全国展開に社員全員が共感しているという社長の話も、まったくの思い込みにすぎませんでした。特に幹部社員たちは、私が初めて面談した時から自分に負荷がかかることには否定的で、自分たち個人の生活を守ることばかりを考えていました。そして、社長と一〇年以上接していることから社長が断念せざるをえない理由を探し、あらゆる手段を使って改革の妨害工作を始めたのです。

最初に変わらなくてはならない幹部社員が、改革の最大の抵抗勢力となってしまっては、もう手に負えません。社長は古参社員との衝突を恐れ、組織変革コンサルティングは中断に追い込まれました。組織のしがらみを断てず、元のぬるま湯に戻ることに決めたのです。

もし、この会社の社長が〝本気で経営改革を成し遂げる〟つもりなら、全幹部社員が反対してもとことん議論し、向き合うべきでした。**ハイキング感覚で高尾山に一〇〇回登ったところで、体の鍛え方から装備までまるで異なるエベレストを目指すことはできません。**それこそ決死の覚悟が必要であり、中途半端な思いつきで事業を始めても事故にあうだけです。幹部数人の反発からくる衝突を恐れてしまうようでは、経営改革など土台無理な相談だったのです。

アルバイトにも理念は通用する

中小企業の経営者の方々と接してみると〝何のために〟事業をしているのか、あまり自覚されていない人のほうが多いような気がします。経営改革を断行したいという

想いも、突き詰めると目先の儲けのことしか念頭になく、今ある具体的な問題の解決が最大の関心事だったりするのです。

売上が上がらないといった数字ばかりを気にして、人材教育や組織変革の重要性を力説しても、「ビジョンなんかどうでもいいから、とにかく売上を上げたいんだよ」と取り付く島もありません。そのような経営者には私はこう尋ねます。

「では、今のように理念が浸透しないままでいいのですか?」

それが悩みの種である場合が多く、大抵の経営者は黙ってしまいます。

社会的評価がさほど高くない業界などで、そのような傾向がより顕著になりますが、それは無理もない話です。働く側からすれば、自分の金儲けのことしか考えない経営者の下で働くより、なんらかの社会的メリットがある職場に転職しようとするものです。そこで働くのは時給八〇〇円という条件しかないのですから。

ここまで説明しても、ビジョンや理念というキーワードに懐疑的な経営者が多くいます。大型チェーン店でもないのでアルバイトの募集からして難しく、やっと働いてくれた彼らに、会社のために働いてもらうなど期待するだけ損。「アルバイトに理念なんか通用するわけがない」というわけです。

そこで私はもう一度、こう問いかけます。

「社長は数字だけ出せばいいと思うかもしれません。でも、周囲から見た時に、一緒に働きたいと思えるものがなければ、誰もあなたと一緒に働こうとはしません。社長が自分のやりたいことだけをやっているように、社員も自分の都合で働くようになります。人は制度で縛ることはできませんよ」

雇う側にも雇われる側にも、働くことに対する価値観があります。職場は生きるための糧を見出す場所ですから、それは人生観にも匹敵する大事な価値観です。雇う側が自分の金儲けのための売上だけを追求するなら、雇われる側が同じ時給の働きがいがある職場に転職するのは、憲法で定められた職業選択の自由の考えからして当然の権利です。

雇う側は何のために商売をしているのか、そして、雇われる側に働きがいはあるのか。両者の価値観や目的意識が交差する接点を探らないと、雇う側と雇われる側の共感は永遠に得られません。そのような状況では、いつまでたっても社員の定着率は良くならないですし、やる気のない社員がお客様に接するから売上も落ちてしまいます。この悪循環を断ち切るためには、両者の価値観を近づける必要があります。そのためにあるのが経営理念なのです。

経営者に夢や目標があったとしても、それを言葉として社員に伝え、納得してもらわなければ意味がありません。例えば、経営者と社員が一緒に将来の夢を語り、このような場所に出店したい、このような店にしたいと意見を出し合うのもいいでしょう。

「今はまだ三店舗だけど、四店舗目は駅前に出店し、全国一〇〇店舗を目指そう」

「五店舗目は君が店長をやってくれよ」

このように夢を膨らませていけば、職場の雰囲気はガラッと変わります。要するにやる気が出るわけです。そのやる気がお客様にも伝わることで、経営が好転しだし、ひいては将来を見据えたビジョンが見えてくるのです。経営者が数字を出したいと思うなら、真っ先に考えるべきことは、社員と共感できるビジョンです。

理想から見た現実の姿を知る

共感とは、相手の気持ちをあたかも自分のことのように感じとることです。楽しい

話をされて一緒に笑ったり、悲しみを打ち明けられてもらい泣きしたり、あるいは共通の夢を語り合う時、人は相手の気持ちを客観的にではなく、主観的に受け止めようとします。

こうした状態を心理学で間主観性といいます。**経営者と社員が価値観を共有するためにも、何らかの形で関主観性を生じさせる必要があります。**

経営者がお金を儲けたいという主観的な夢は、社員の働きがいには結びつきませんから、納得感のようなものは得られません。人に納得してもらえないビジョンを語ることほど虚しいことはありません。だからビジョンには間主観性がなくてはならないのです。

夢や目標、会社の存在意義、将来像などを集約したものが理念です。その理念が、他人に納得してもらえるものであればあるほど、お客様を含めた多くの人を巻き込んでいくことが可能になるのです。逆に、それが経営者だけの主観的なものであれば、他人には納得してもらえず、社員ばかりかお客様まで離れてしまいます。

もちろん、理念がないからといって会社が潰れるわけではありません。ただ、理念が明確でない会社には、目的意識が明確でない社員が集まり、お客様がその会社の商品やサービスを選ぶ必然性も失われがちです。しかし、理念が明確な会社には、社員も会社の考えに共感して入社してくるわけですから、しっかりしたチームワークがとれ、お客様に対しても共感の輪を広げやすくなります。**理念の有無が会社の力量に決定的な差をもたらすのです。**

スターバックスがワシントン州のシアトル市で最初の店を出した時、全世界で一万店舗以上も展開する企業になるとは誰も想像しなかったでしょう。しかし、スターバックスの経営者には文化を創り出すといった理念があり、社員も経営者の考えに魅力を感じて集まってきました。スターバックスにおける間主観性は如何なく発揮され、アルバイトに至るまで自分たちの会社を築こうとする意欲を持ち始めるのです。

成功の最大の貢献者が社員であることを熟知していたスターバックスの経営者は、利益の分配も積極的に行っています。一九九二年に株式を公開した時は、その一部をストックオプションとして社員に還元していますが、その対象は正社員だけでなく、週二〇時間以上勤務するアルバイトも含まれています。彼らには健康保険も適用されました。スターバックスの社員が好印象なのは、スターバックスが働きがいのある会社だからなのです。

すべての社員が経営のパートナーとして働いてくれれば、想像を超えた戦力になります。「社員が定着しない、売上が上がらない」と不平不満をもらす前に、人に共感してもらえる夢や目的、ビジョンを早く見出してもらいたいものです。

理想がなければ、理想から見た現実の姿がよく分かりません。理想と現実のギャップを認識して初めて、ギャップを埋めるために努力ができます。数店舗の状態でそれが実践できないのでは、スターバックスは夢のまた夢。到底たどりつくことはできないでしょう。

石橋を叩くだけで渡らない経営者

経営者と社員の価値観の共有。それが成功の秘訣であるのは間違いありませんが、軸となる価値観を定めるのはトップの役割であり、黙っているだけでは社員は戸惑うだけです。今ある会社をどう変革したいのか、社員にどう働いてもらいたいのか、誰よりもトップに範を示してもらわなくてはなりません。

ところが、会社経営に危機意識を持ち、社員の意識変革が重要だと分かっていながら、何もしようとしない経営者がいます。先述の中国茶カフェの社長同様、リーダーシップの不在が主な原因なのですが、用心深すぎて決断できないのも問題です。

社員を四〇〇人ほど抱える静岡県のあるメーカーの社長も、そうしたタイプの人でした。親から引き継いだ会社の運営に展望が開けず、藁をもすがる思いで経営改革に乗り出そうとしたのですが、優柔不断でなかなか実行に移せません。

石橋を叩いて渡るのは大切なことですが、何度叩いても疑い続けていては、いつまでたっても橋は渡れません。橋を渡るのか渡らないのか、最終的に決めるのはトップです。足踏みを続けるだけでは会社も社員も疲弊してしまいます。

社長自らが人選した幹部社員にインタビューして分かったのは、この会社に幹部は存在しないということでした。平社員から重職にある幹部まで、ベルトコンベヤーのように流れ作業をしているだけで、誰も自分の意見を持ち合わせていないのです。社長の言うことには絶対に服従し、出社してから退社するまで、決められた仕事をこんとこなしていました。**実に矛盾した話ですが、積極的に仕事をする社員が必要だと考えている社長が、そうした作業だけをする社員を望んでいたのです。**

会社が直面している危機的状況を救うには、全社の意識変革しかないと分かっているけど、自分の言うことだけ聞くイエスマンであり続けてもらいたい。幹部社員とミーティングをしている私にも、心配そうな顔で「それで大丈夫？」と何度も声をかけてきました。それを見ていた社員からすれば、変われと言われているのか、変わるなと言われているのかさっぱり分かりません。どちらか選べというなら、変わらないほうが無難だと思うでしょう。

結論から言ってしまうと、この社長に理念らしきものはありませんでした。社長室には著名な経済人の語録が額縁に飾られていましたが、その思想なり理念なりを社員が理解して実践している形跡はなく、単なるお題目にすぎません。

どんな理念でもかまいませんから、まずは社長が熱心な信者になり、社員を折伏するくらいの気構えがあってしかるべきです。四〇〇人の社員のうち一〇人の幹部を信者にできれば、たちまち全社員を信者にすることができるのです。しかし、社長が信者でもないのに信じろと言われても、それが霊験あらたかな宗教なのか、邪教なのか、社員には判断のしようがありません。

本気が通じれば人は必ず動く

同じ二代目の社長でも、本人が意識を変えた途端に、淀んだ組織の空気が一変した例があります。

カリスマ創業者の父から会社を引き継いだ、その社長が、就任して最初に取り組んだ仕事はリストラでした。創業者の奔放な経営のツケを払わされたようなものですが、現場からの叩き上げでもない若い新社長が約二〇〇人いた社員の三分の一も解雇したのですから、社内の雰囲気は殺伐としました。特に、創業者と苦楽を共にしてきた古参幹部たちの反発は強く、それが新社長の最大の悩みになっていたのです。

このまま社長を続けられるのか見通しが立たない中、彼もただ手をこまぬいていたわけではありません。一人で試行錯誤を繰り返し、自分なりに経営革新のための勉強を続けました。人材教育と組織変革に積極的に乗り出す決意も固め、私に相談を持ちかけてきたのですが、リストラ直後の緊縮財政のなかで教育研修の予算を割くのは、さすがに気が引けたようです。社内で顰蹙を買うのを恐れた社長は、私に会長の座にある創業者の許可をとってくれないかと泣きついてきたのです。

結局、社長と一緒に会長に談判しに行ったのですが、そこで思わぬ展開がありました。私の話を聞き終わった会長が、息子の社長を見て「おまえの金でやれ」と言ったのです。

社長は言葉に詰まって黙りこんでしまいましたが、突き放すような会長の一言で、何かの踏ん切りがついたようでした。自腹を切る、つまり身銭を切ることの痛みを知ることで、現実に立ち向かうきっかけをつかめたのです。

それからの社長は別人のようでした。研修予算を削減するため、ホテルではなく会社の保養所を使い、少しでも経費を浮かせようと社長が私のアシスタントを買って出ました。幹部研修がある当日は、誰よりも早く社長が現れ、自ら雑巾で机を拭き、休憩時間には社長が幹部社員にお茶を出していました。夜食の準備をするのも社長です。人材教育が社員を懐柔するための方便だと思われないように、社長は必死でした。

ポーズではない真剣な社長の態度を見ていた幹部社員たちも、次第に心が動かされていきます。若い社長に反発していた人人気のない行動を恥じ、社長と一緒に会社を立て直す気になり始めたのです。社長が本気で会社のためにやる気なら、もう一度この会社に託してもいい。そのために何をすればいいのか考えるようになりました。

こうなればもう社長に迷いはありません。会社は活気を取り戻し、社員一丸となったプロジェクトが次々と立ち上がり、会社の経営も上向き始めました。今では社員数も増え活気溢れる職場に変わりました。

社長が机の上でいくら経営改革の勉強をしても、行動が伴わなければ社員は変わりません。**会社を変えるのは制度ではなく、〝人〟です。**そして、ここがもっとも重要なポイントなのですが、もし会長に「おまえの金でやれ」と言われなかったら、二代目社長は痛みを伴う現実に向き合うことができなかったかもしれません。あの一言でトップが本気になれ、会社を救うこともできました。

金目当ての商売には限界がある

〝何のために〟経営をしているのか、今ある会社をどう変えたいのか、そして、社員にどう働いてもらいたいのか。すでに述べてきた通り、それが目先の金儲けのためであるなら、何も変えることはできません。

私は二〇歳の頃に三〇歳までに社長になる夢を抱きました。一国一城の主になって、自分の理想を実現させたいと強く願ったからです。もちろんお金を稼ぎたいとも思いましたが、それだけが目的ではありませんでした。常に働きがいを求め、どんな仕事でも真正面から向き合ってきたつもりです。

しかし、社長になろうという動機が、「大金を掴む」、「贅沢をしたい」ということである人も少なくありません。身の周りにも何人か思い当たる経営者がいるのではないでしょうか。そういう人に限って成長率が乏しく、どちらかと言えば社員を犠牲にして生きのびているだけなのに、社長オーラをブンブン漂わせ、派手なヨーロッパの高級車を此れ見よがしに乗り回したりします。

大半の三〇代のサラリーマンがどんなに成功しても年収一〇〇〇万円台。外資系のやり手ディーラーであればもっと稼げるかもしれませんが、給料取りである限り、芸能人のような華やかな生活は望めません。しかし、個人で会社を立ち上げれば、年収数千万、いや一億、二億も夢じゃありません。贅沢をしたいから社長になるんだというのもモチベーションとして悪くないかもしれませんが、そこにあるのは自分の欲望だけです。

例えば、個人経営の不動産会社の場合、年商を五億円社員数を数名程度の規模にとどめておくのが、社長としての収入をもっとも高くすることができると言われています。それ以上儲けようとすると、広域での営業展開など、大幅な事業拡大に伴う経費や人材管理などの負担がかかるので、気楽な稼業というわけにはいかなくなります。

これから上場しようとする優良企業の社長でも年収は二五〇〇万円といったところですが、個人経営の社長を続けていれば、その四倍の一億円程度の現金が懐に転がり込むのですから、無理をしてまで事業を広げようとはしないのです。

仮に事業を拡大したくても、そうした考えの経営者には不可能です。金目当ての欲望で始めた手頃な商売はそこで頭打ち。それを越える会社になるには、社会の公器という認識が不可欠となり、経営の発想そのものを変える必要があるからです。伸びる会社と伸びない会社のボーダーラインがそこにあります。

そのボーダーラインを超えられそうもない何人かの社長の例を紹介しましょう。

北関東に拠点をおく建売住宅販売の会社を経営している社長の場合、社長とその他の社員との格差があまりに大きすぎ、数々の問題を抱えていました。社長は東京でも輸入雑貨を手掛ける小さな会社を運営し、誰もが羨む一等地に事務所を構えているのですが、収入の大半は建売住宅に依存していました。にもかかわらず、一ヵ月に一度くらいしか北関東の本社に顔を出そうとしないのです。

当然、経営悪化に陥り、再建に乗り出すかに見えたのですが、自分の会社なのにまるで他人事のようなのです。

その社長も御多分に洩れず高級外車を乗り回し、東京でセレブ気分に浸っていました。しかし、建売住宅の本社に案内され唖然としました。ボロ小屋のような社屋に薄汚れた作業着の社員。会議室のゴミ箱は溢れ、事務所はホコリだらけでした。近隣での営業実績が低い理由も合点がいきました。一生の買い物になる住宅を、見るからに危なそうな会社に任せる人がいるでしょうか。

さすがに社長も疾しいと思っているのか、本社に高級外車こそ乗りつけてきませんでしたが、一目で分かる高級ブランドのスーツを着ていたので、事務所では一人だけ浮いていました。東京では贅沢三昧な暮らしをしておきながら、社員には給料の遅配を連発し、就業環境を改善する意思もない。私の頭には搾取という文字しか思いつきませんでしたが、困ったことに本人に悪気はまったくないのです。

高級外車を売るなり、東京の事務所を家賃の低い場所に移すなり、経費削減の方法はいくらでもありますが、それはできないと言います。それらは社長を続けてきたシンボル的存在であり、何があっても侵されてはならない絶対領域だからです。要するに、モチベーションが下がるのを恐れて身銭を切る覚悟ができないのです。その気持が分からないではないのですが、他人を犠牲にしてまで守る価値があるのか疑問でなりません。

情けは人の為ならず

理想と現実の行動を一致させるつもりがあるなら、自分の収入を減らしてでも会社に資金を投入し、さらなる飛躍を目指して必死で働こうとするはずです。ところが、理想もなく、万事が目先の金目当てになってしまうと、自分が生き残ることがすべてに優先され、身銭を切るという発想は受け入れ難いものになります。

そういう経営者は、自分の大切なパートナーである社員は言うまでもなく、社外の協力社に対しても自分都合で対処しようとするので、商売の基本である信頼がいつまでたっても得られません。入金はどこより早く迫る一方で、支払はできる限り伸ばそうとするお金をめぐるトラブルが、日常の業務になってしまうのです。

そんな感覚を当たり前だと思う人には、ある共通した心理が根底にあります。自力で成り上がってきたプライドのためでしょうか、「俺はがんばっているんだ」という自負心が人一倍強いのです。自意識も過剰なので、会社を一緒に経営するパートナーなど持とうとしないですし、自分なりに築き上げた社会観や正義感を絶対視しがちです。それは前出の社長が高級外車を手放せないのと同じことで、独り善がりの誤解にすぎません。

私が主催したセミナーで出会った、ある通信販売会社の社長も、人材教育の必要性を訴え、社会に貢献したいと熱っぽく語っていたにもかかわらず、言っていることと自分の会社でやっていることが真逆の人でした。

その会社の社員はフルコミッションに近い歩合制の仕事を課され、手取り一〇万円程度しか給料をもらえない人もいました。まさに使い捨て雑巾といった扱いです。下請け企業に対する支払も遅延の末に割引を迫り、踏み倒すことだってあります。それでいて自分のブログでは、海外のファンドで一〇〇〇万円を積み立てたと豪語しているのですから、呆れてものが言えません。

なにより悩み深いのは、この真逆の行動に本人が矛盾を感じていない点です。他人に払うべき金も払わない人が、恥も外聞もなくブログで蓄財を自慢できるのは、その一〇〇〇万円は自分と家族を守る〝別腹〟ならぬ〝別金〟という発想があるからでした。つまり、自分都合の世界観からすれば、あくまでも正しい行為だったのです。

情けは人の為ならず——。

母に言われ続けた言葉の意味が改めて想起されます。友がいるから自分がいる。だから友は大切にしなくてはならない。**社員が仕事ができようとできまいと、社員がいるから会社は成り立っている。だから社員は大切にしなくてはならない。**私はそう信じて社員を必死で支えようと心掛けてきました。たとえ会社の業績が悪化しても、利益を出せなかったのは自分の経営能力が低いせいだから、社員の給料は借金をしてでも絶対に払う。自分は最後だと決めています。自分は人に尽くすためにいるのだと思えばいいのです。

米国の航空業界に革命をもたらした格安航空会社のサウスウェスト航空は、「社員第一、顧客第二主義」という異色の理念を掲げ、脚光を浴びました。社員満足（ＥＳ＝

エンプロイー・サティスファクション）なくして顧客満足（CS＝カスタマー・サティスファクション）なしという考えから、あえて顧客第二主義と銘打ったわけですが、社員を心から愛す会社であれば、その社員がお客様にどう接するかは分かりきったことです。だから社員を大事にし、社員と価値観を共有することが求められるのです。

逆に、社員を軽視する会社では何が起きるのか。先述した建売住宅や通信販売の会社を考えれば、火を見るより明らかです。専制君主のように君臨したところで、自分都合の考えを共有してくれる人は一人もいません。根元から腐り始めた会社は、いずれ音をたてて崩れ落ちる運命にあります。

率先垂範の致命的な誤解

部下や周囲の人の協力を得るには、人の嫌がる仕事もトップが率先垂範で取り組む姿勢を示すべきです。「プロ意識を持て」と社員に檄を飛ばしたところで、日ごろの行動が伴わなければ、社長の精神訓話も右から左に聞き流す念仏と化してしまいます。

厄介なのは、社長がそれこそ率先垂範で誰よりも懸命に取組んでいるにもかかわらず、社員が一向に変わってくれないケースです。会社によって事情は異なりますが、**社長と社員の歯車が噛み合わない最大の原因は、やはりトップにあるようです。**

運送会社の創業者に実力を認められた生え抜きの社員で、二代目社長に就任した経営者がいるのですが、この人の場合も、誰よりも努力しているのに社員の理解が得られず、ついに経営が行き詰ってしまいました。本人も原因が分からず、切々とこう訴えていました。

「経営セミナーには何回も通ったし、様々な書籍を読んで徹底して勉強したつもりだけど、まったく効果がなかった。その通りにやっても社員はぜんぜん変わってくれないんだ。会社には一番早く出勤して、トイレ掃除をしたり、社員のためにコーヒーのお湯もセットする。朝早く事務所の電気のスイッチを一人でパチッと入れた瞬間は、『さあ、みんな。一緒にがんばってくれ！』と懇願するような気持ちになる」

それでも社員は変わらないと言うのです。とても正義感が強い人で、お客様は言うに及ばず、社員にもきめ細かい気配りをしており、言行不一致がまったくない理想的な社長です。社員にも不満はなかったはずですが、話を聞いているうちに見えてくるものがありました。

　ここ数年、社長は不況が口癖になり、寝ても覚めても頭の中は倒産のことばかりだったと言います。その悪夢から抜け出したいあまり、本業が疎かになり、手当たりしだいにサイドビジネスを考えるようになりました。運送業をやっていながら、雑貨販売を始めたかと思うとアパレルに手を出し、うまくいかないと別の商売を探す、といった具合です。

　気がつくと、目先の利益だけが目当ての商売に追い回され、本業の経営は手がつけられない状況になっていました。自分では率先垂範で仕事をしているつもりだったのでしょうが、やることなすこと中途半端で、社員からしたら何をやっているのかわけが分からず、ついて行きようがなかったのです。社長のとんだ迷走で社員は右往左往するばかり。**模範になる社長がいなかったから、社員は変わらなかった**のです。

　繰り返し指摘してきたことですが、揺らぐことのない信念や理想があって初めて、その理想を実現させるために現実の行動を一致させることができます。その軸がしっかりしていないと、せっかくの率先垂範も台無しです。肝心なことは、社長が何を信じ、どのような理想を持って経営をしているのか明確にすることです。

社長と社員の歯車が空回りしていると、社長の率先垂範は意味をなさないし、社員がやる気を出したところで徒労に終わります。ある会社では、社長が社員にやる気を見せようと、朝一番に出勤して事務所の掃除をしていたのですが、遅れて出勤してきた社員に「社長、こっちまだ汚れてますよ」と言われた笑うに笑えない話まであります。具体的な行動を起こす前に、伝えたいメッセージが何なのかじっくり考えてもらいたいものです。

会社再建を目指す熱き想い

改革のメッセージは必ずしもトップダウンで伝えられるものではありません。むしろ、社員からのボトムアップで画期的な変化が起きるほうが多いのではないでしょうか。**トップに社員の意見を汲み取る才覚がなければ、貴重な飛躍の機会を失うことになります。**ある大企業の会長は、自ら何も語らず、社員の話を傾聴することが自分

に課せられた仕事だと断言しているほどです。

私が組織変革コンサルティングを担当した企業の中で、空回りしていた歯車をやっとの思いで噛み合わせ、ようやく回り始めようとした矢先、再び歯車が外れてしまった残念な例があります。社長と社員の歯車が噛み合わない理由は何なのか。その根源的な問いを投げかけている事例でもあるので、少し詳しく触れたいと思います。

コンピューター機器の販売を手掛けるS社。関連会社を数社抱え、年商三〇〇億円、社員数も八〇〇人いる業界では名の知れた会社です。数年前にカリスマ創業者が亡くなり、私と同世代の三〇代の若いご子息が二代目社長に就任しています。このS社で、五年間で年商を一〇〇〇億円にまで伸ばし、社員数も三〇〇〇人にするという大プロジェクトがもちあがり、本格的な経営改革に乗り出すことになりました。

私に組織変革の依頼をしたのは社長ではなく、先代の創業者時代に社内ベンチャーの形で子会社をたちあげた有能な古参幹部でした。彼が社内に設置された教育委員会の総責任者になり、企業規模を拡大するための準備を着々と進めていました。社員の行動規範を策定するため、幹部社員たちが数ヵ月かけて練った一〇〇カ条からなる『理念手帳』も出来上がり、毎朝の朝礼で読み上げるほどの熱の入れようです。

私が担当した組織変革プロジェクトに参加したのは八〇〇人の社員の中から選ばれた一〇人で、この古参幹部の直属の部下で、『理念手帳』の制作メンバーでもあった課長職の人がプロジェクトリーダーに抜擢されました。しかも彼は、一部門の課長の枠を越え、社長に直接進言できる立場の人でした。

社員同士の活発な意見交流と結束を促すため、研修初期段階の合宿では、互いに精神的な負荷をかけるトレーニングを繰り返し、本気でものを言える環境を作り出そうと心掛けました。そんなプロジェクトに、古参幹部たちにもオブザーブで参加してもらうことがあるのですが、そこで驚くべき光景が繰り広げられました。二〇年以上も創業者とともに会社を支えてきた古参幹部たちが急に泣きだし、「親父が作りたかった会社はこんなものじゃない！」と会社の現状を嘆き始めたのです。

創業者を親父と呼ぶ古参幹部たちと、プロジェクトメンバーに選ばれた一〇人の全員が、心の底から会社再建に意欲を燃やしているように見えました。これで会社は大きく変わるに違いない。あの場にいた誰もがそう思ったはずです。

ところが、実際には大きな変化はなかったのです。それにいち早く気づいたのが、プロジェクトリーダーの課長でした。

経営者の分身になろうとした社員

一回に三時間行われるプロジェクトの前後には、必ずリーダーズミーティングが持たれます。一人のリーダーと二人のサブリーダー、それに私を加えた四人で、プロジェクトの効率的な運営を協議するのが目的です。選ばれた一〇人のプロジェクトメンバーが、それぞれの部署に戻って八〇〇人の社員を巻き込んでいくための重要な会議です。

この会議に時間通り現れるのはリーダーだけで、サブリーダーの二人はいつも遅刻してきました。プロジェクトの場ではリーダーでも、自分より役職が上のサブリーダーを注意しづらかったようです。

あの熱い想いを合宿で語った古参幹部たちも、現実の仕事に戻ると熱も冷め、社長直轄であるはずのプロジェクトにあまり関心を示さなくなりました。みんな言葉ではもっともらしいことを話すのですが、行動は何も変えようとしません。誰かが何とかしてくれるという人任せな雰囲気が社内に蔓延していました。

八ヵ月間のプロジェクトがスタートして三ヵ月目を迎えた頃、こうした淀んだ状況を打開する動きがありました。リーダーの課長の姿勢が変わりだしたのです。

「結局、髙橋さんが言う経営者の分身育成というのは、リーダーの僕が変わらなくてはいけないいわけですよね」

会社の現状を考えれば、無い物ねだりをしても得るものは何もありません。人任せではなく、自分から変わるしかないとリーダーは気づいたようです。

組織作りの専門家でもないプロジェクトのメンバーに託されたあるべき姿の策定と浸透。いずれも重い課題ですが、日々の業務をこなしながら進めざるを得ないので、どこか身が入っていませんでした。メンバーは観念的なプロジェクトと実際の業務の板挟みになり、どちらかと言えば業務を優先しようとしました。

しかし、あるべき姿の策定と浸透が業務以外の何ものでもないことを理解したリーダーは、次から次に具体的な行動を起こし始めるのです。

それまでは一回三時間、月二回のプロジェクトでしたが、メンバー全員が土日の休みを潰してまで会合を持ち、五年後に年商一〇〇〇億円、社員数三〇〇〇人にするには、会社をどういう方向に持っていくべきなのか真剣に話し合われました。今の課長職の資質と役割で本当に大丈夫なのか。部長職に求められることは何なのか。リーダーは自費で理念浸透に関する研修にも参加し、関連する専門書籍を何冊も購入してメンバー全員に精読を求めました。

こうして画期的な変化の芽が育ち始めたS社だったのですが、プロジェクトは八ヵ月間で終了し、それ以上継続することはできませんでした。追い打ちをかけるように、社内教育委員会の総責任者だった古参幹部が辞職してしまいます。変化の芽を摘んだのは、他ならぬ社長だったのです。

制度で人は変わらない

プロジェクトには古参幹部の役員陣にもオブザーブで参加してもらいましたが、社長は多忙を理由に二回しか出席しませんでした。他の誰より社長自身が変わることが大切だと訴え続けましたが、残念ながら聞き入れてもらえず、結果的に社員だけのプロジェクトになってしまった感があります。そこではボトムアップの貴重な議論がさ

れていたにも関わらず、社長はその場にいないため変化に気づくこともありません。社員には熱くなった分だけ徒労感が残ってしまいました。

いったい社長は何を求めていたのかというと、『理念手帳』にみられる制度的な枠組みだったのです。「プロジェクトを実施したらアウトプットは何がえられるのですか」と尋ねられたので、具体的には新しい人事制度ができると答えると、それで満足していたのを今も鮮明に思い出します。制度で人を変えることができると信じて疑わないのです。

その制度を運用するのは誰なのか、よく考えてみるべきでした。親父と呼ばれたS社の創業者は、ブルドーザーのように道を切り拓き仕事をしてきた人物ですが、新社長は父親とは似ても似つかない打算的なタイプの経営者です。父親から預かった八〇〇人の社員の社長として、社風を変えて再出発するのが緊急の課題だったのですが、そのためには自分の考え方に共感し、分身となって働いてくれる幹部を育てる必要がありました。でなければ年商や社員数を五年で三倍以上増やすなど到底不可能です。

にもかかわらず、まるで他人事のように制度だけを作ってくれと言い、せっかく芽生えた社員のやる気まで削いでしまったのです。社内に蔓延している人任せな雰囲気の元は社長だったとしか考えられません。

社員を大切にし、自社に関わるすべての人が幸せになる会社づくりをする……。出来上がった理念ではそう高らかに謳っておきながら、トップにその意志がないなら単なるお題目にすぎません。あの古参幹部が経営改革に熱心だったのは、そのことを社長に気づいてもらいたかったからなのかもしれません。社員が努力している姿を見れば、きっと社長は変わる。そこに一縷の望みをかけたのでしょう。

プロジェクト導入に当たり、彼は半年間に及ぶ綿密な事前協議を行い、改革に心血を注いでいました。最後は自分が刺し違えてでも実行すると、命懸けで導入を決めていたのです。その熱意に絆され社長も英断を下したはずですが、蓋を開けると部下任せでノータッチ。彼らの努力を知ろうともしません。

社員との信頼関係の構築より、社員を統制する枠組みが欲しかったのだとしたら、社長として力量が疑われます。雇う側と雇われる側の価値観の共有もなく、**雇う側が数字だけを追求するなら、雇われる側はより良い職場を目指して離れていきます。**社員を縛るための人材育成などあり得ないのです。

過去を学び、未来を知る

組織変革プロジェクトに、その会社のトップがオブザーブで参加するのが望ましい理由は、そのプロジェクトが社長直轄の事業であることを社内に知らしめる効果があるからです。社長自ら長時間を割いて参加するプロジェクトですから、嫌が上でも緊張感が走り、社員は何が起きているのか積極的に知ろうとするはずです。会社の変化は社員の将来設計に関わる重大事で、他人事ではありません。

かといって社長が出過ぎるのも問題が生じます。プロジェクトは社員同士の活発な意見交流と結束を促し、ボトムアップで改革の芽を育てる場ですから、社長が小姑のようにいちいち口を出してしまうと、社員が委縮して本気でものを言えなくなってしまいます。

プロジェクト終了後に「あんな発言しかできないのか！」と雷を落とすのは構いませんが、研修中はあくまでもプロジェクトメンバーに進行を委ね、じっと黙ったまま、ただそこに座っていればいいのです。トップは出過ぎてもいけないし、出なさ過ぎてもいけません。社員を暖かく見守り、後押しする存在であってもらいたいです。

人材教育と組織変革の核心は、社員が納得できる価値観を共有し、経営者の分身となって行動してもらうことにあります。それを理念という形に落とし込むのが目標になりますが、そのためには、社員に経営者の考え方や人生観に共感してもらわねばなりません。

例えば、社員が経営者の創業時の話を聞き、会社を今の規模にするまで、資金繰りや人材確保でどれだけ苦労したかを知れば、経営者に対する見方も自ずと変わります。**経営者の生の姿を理解することにより、経営者がとる行動の背景もずっと分かりやすくなります。**また、そうした人間的な共感なしに、本当の意味での経営者の分身は育てられません。

私は企業の依頼で人材教育、組織変革のプロジェクトを実施するに当たり、トップに三時間から五時間ほどの時間を割いていただき、事前にインタビューをさせてもらうことにしています。経営者の生い立ちから、学生時代、就職、結婚、そして会社経営に至る道筋を具体的に聞き取ることにより、その会社がどういう過去から現在に至ったのか、より深く理解できるからです。

経営者の足跡は会社の歴史そのものです。経営者の人となりを知らずして、その会社の未来を知る手掛かりを得ることはできません。経営者が未来を語ろうとする時、過去と現在を照らし合わせて、その未来が今ある姿と符号するのか見極めることもできます。現在は未来から見た過去になるのですから。

過去の延長線上が必ず未来に直結するとは言い切れません。しかし、その人がどのようなプロセスを経て現在に至り、そして未来に向かおうとしているのか考える際には、過去と現在と未来を一致させる作業を踏まないと、目標にはたどり着けないと考えます。

住所に込められた想い

私が懇意にさせていただいている経営者に、千葉県市原市を拠点とする「東日本建設」の遠藤一平社長がいます。私と同世代の経営者ですが、年間一〇数棟だった住宅販売

建設を一気に一〇〇棟まで増やす一方、ウィズママブランドを中心に全国展開を目指す「ネクストワンインターナショナル」を創業するなど、その経営手腕は高く評価されています。東証一部上場を視野に入れているので人材教育にも熱心です。

先代が築き上げた東日本建設は、地元では名の知れた会社です。業績も決して悪くありませんが、地域密着型の会社なので事業規模の拡大には限界がありました。そこで、首都圏や地方都市に拠点を増やすため、あえて新会社を設立しました。創業者とともに働いてきてくれた古参幹部たちを、地域社会に根付いた会社とともに守ると同時に、新会社では攻めの態勢を整え、三年で年商一〇〇億円を目指す構えです。新会社の事務所も千葉市のど真ん中にある千葉市中央区中央一丁目一一番一号に進出させました。

古参幹部の中には、市原市の会社がいきなり都心に拠点を移すことに懸念を示した人も少なくなかったといいます。若い社長の勇み足になると思われたのです。しかし、私が遠藤社長に生い立ちから新会社設立に至るまでの経緯を尋ねてみると、住所には特別なこだわりがあることが分かりました。

先代の会社に入社したての頃は、社長の息子だから高給取りに違いないと思われていたようですが、実際には一番の安月給で働いていました。それがまったく苦にならなかったのは、資金繰りで真っ青になっていた先代の姿を見ながら育ってきたからでした。経営者の辛さは痛いほどよく知っていたのです。父親が天塩にかけて育てた会社をバトンタッチした自分が、千葉県一の会社に成長させ、上場して社会の公器にさせて恩返しをしたい。その想いを住所に込めたのでした。

そういうことを知らずして、「三年で年商一〇〇億上場、一〇年で東証一部上場！」と言われても、社員には実感が伴わないものです。**社長がとる突拍子もない行動の動機には、幼少期から始まる歴史がぎっしり詰まっています。**しかし、それを伝える人がいなくては、いつまでたっても社員の共感を得ることはできません。

だから会社の歴史を共有する作業が必要になってくるのです。ネクストワンインターナショナルが勢いを増しているのは、社長と社員が歴史を共有し始めたからに他なりません。

社長と社員が価値観を共有できる会社ほど強い会社はありません。信頼関係構築の基礎となるのは、揺らぐことのない共感です。そして、共感を得るためには、経営者が隠し事なしに社員と正直に話し合える環境が不可欠です。

二〇〇四年に最年少創業社長として東証一部上場を果たした「ネクシィーズ」の近藤太香巳社長から聞いた話が思い出されます。同社が上場後を見越して拡大路線に打って出た矢先、ＩＴバブル崩壊のあおりで、黒字なのに運転資金をやりくりできない〝黒字倒産〟の危機に直面したことがありました。その時、ピンチを救ってくれたのは社員だったといいます。

「社員が誰一人、辞めなかったのです。そして全員が、会社を必ず復活させるというファイティングポーズを崩していませんでした。私はピンチの時に、常に社員たちに正直にそのことを伝えてきました。取り繕うことを良しとしません。それと同時に、どうしたら危機を乗り越えられるかも示してきました。だからピンチに直面しても、それを乗り越えられるという自信と情熱が社内に満ちていたと思います」

社長に入社してくれと頼まれたのですか？

弊社創業時に、米ナスダックへの上場を計画していた東証マザーズ上場企業の組織

変革プロジェクトを任されたことがあります。これから世界に飛躍しようとする会社ですから、社内には若々しい活気が漲り、「ビジネスは戦争だ」が口癖の社長の叱咤激励が、事務所に響き渡っていました。

ところが、社員の中には会社の激務についていけない人もいて、「休みがなくてたいへんなんです」とか、「どうせうちはマザーズ上場ですから、東証一部に比べたらたいしたことないですよ」などと後ろ向きな話をするのです。そんな社員に私はこう問いかけました。

「あなたは社長に頼まれてこの会社に入社したのですか？」

すると、言葉に詰まらせながらこう答えます。

「いえ、私がこの会社の事業に惚れ込んで……」

「ですよね。これからアメリカのライバル企業を制圧していくんでしょ。だったら忙しいなんて弱音を吐いている場合じゃありませんよ」

「確かにそうですね。気を引き締め、もう一度やり直してみます」

忙しさから初心を忘れることはよくあります。そういう時には気持ちをリセットする作業が必要になりますが、社長が全社員の気配りをするわけにはいきません。打たれ強い社員を育てるには、日頃から自負心を持って働いてもらわねばなりませんが、そのためにも価値観の共有は不可欠です。

その社員にしても、自分の夢を託すことができると信じて、この会社に入社したに違いありません。私が彼を手厳しく叱責したのは、そのことを再認識してもらいたかったからです。と言うのも、事前に社長の個人的な想いを聞かされていたからでした。

社長は家賃数万円の事務所に机一つで事業をスタートさせ、有能な社員を養うために死に物狂いで仕事をしてきた人です。なにより心が打たれたのは、創業期に父親を癌で亡くした時の話です。

「あの時にもっと資金があったら、自分にもっと実力があったら、最高の執刀医をつけてあげることができた。身内が生存率五〇％の末期癌の手術をするというのに、町医者に任せるわけにはいかないだろ。私なりに最善を尽くしましたなんて言われても困るんだ。任せるからには世界一の執刀医でなきゃだめだ」

その時の悔しさから、自分なりに最善を尽くしたなどという甘えは絶対に持たないことにしたと言います。ビジネスでも決して妥協を許さず、世界を舞台にナンバー1を目指すため血眼になって働いてきました。生半可な想いで「ビジネスは戦争だ」と言っていたのではなかったのです。そんな社長の想いに共感し、一緒に戦ってくれる社員は身内同然の存在です。**社長の叱咤激励は、社員の夢を実現させるためのものでもあったのです。**

2023年に10000人の雇用創出

「アイドマ・ホールディングス」の三浦陽平社長は、〝機会をつくり、機会を通じて、全ての人の夢の実現に貢献する〟を経営理念とし、明確なビジョン・戦略を掲げられています。一〇年後に社員数は二〇〇倍の規模に拡大させることとなります。私も社員の方々とお話しする機会がありますが、メールのやりとりにおいても、ほぼ二四時間体制で対応していただけます。〝いつ寝ているのですか〟と聞きたくなるほど、我武者羅に働いているのです。〝自分の能力を高める〟〝他社の三倍速で成長する〟など、社員の方々が口を揃えています。平均年齢も二四・五歳と若いチームですが、五〇名が一丸となり、ビジョン実現に向けて邁進しているのです。

売るなら寝るな

私の友人経営者である「モバイルフロンティア」の中村篤弘社長は「ＥＣは気合と情熱　売るなら寝るな」と唱えています。

名刺の裏に記載されている文字を見て、驚きや笑いなど、様々な反応があるようですが、私は以下のように理解しております。

お売りするということは、お客様に自社の商品やサービスを通じて幸せになっていただかなければなりませんし、お売りした責任が発生します。その覚悟を持って、最高のサービスを提供するためにも寸暇を惜しんで働かなければならないと言うことです。

中村篤弘社長は「髙橋さんは、弊社の幹部と同様に、いや、それ以上に私の想いを理解してくれています」と言われました。

私も幹部創生プロジェクトとを通じて、中村篤弘社長と同じ価値基準で仕事に取り組める社員を創り上げるため、寸暇を惜しんで、社員の皆様と向き合っています。

経営者の掲げた理念に共感する人は社内の人間だけではありません。**社内外の多くの人を巻き込んで〝理念の浸透・ビジョンの実現を目指す〟ことが組織の強固な基盤をつくり上げていくのです。**

第3章

人材と組織を育てる

第三者の客観的な目

企業は人の集合体ですから、自ら考え、行動し、変化します。そして、企業の骨組みをなす理念も、生まれ育った環境で異なる人格が形成されるように、その歴史や環境に大きく影響されます。

しかし、会社の経営に既得権益のようなものが出来上がり、変化が乏しくなると、企業の考え方や行動も保守的になり、成長のための柔軟さを失ってしまいます。成長の鈍化は企業から活力を奪い、時代の変化や景気の変動、あるいは飛躍のチャンスが訪れても、ドラスチックな対応ができなくなります。会社の経営が行き詰るのは外的要因にあるのではなく、内的要因にあると考えるべきです。

何かに行き詰った時、あなたならどう行動するでしょうか。沈思黙考し書籍にヒントを求めても、そう簡単に答えは見つかりません。そんな時にハッと気づかせてくれるのが、知人や友人の助言ではないでしょうか。他人の客観的な視点が、問題解決の近道になることは少なくありません。

私が企業に対して行う組織変革コンサルティングも、客観的な目で企業の問題点を浮き彫りにし、解決策を導き出すためにあります。知っているつもりで、実は分かっていない会社の実態を、第三者の目で徹底的に解明し、潜在能力を最大限発揮させていくのです。

会社のトップが自社の成長に停滞を感じ、変革の機運を起こそうとしても、社員が同じ問題意識や危機感を抱くとは限りません。毎日のように朝礼で精神論を講じられてもうんざりしますし、社長が頻繁に現場に顔を出したら落ち着いて仕事ができません。頭では把握できる危機感も、社長と同じ価値観がない限り、自分の問題として実感しにくいものです。

「仕事がつまらない」

「こんな会社にいつまでもいたってしょうがない」

「どうせ俺は使い捨て雑巾だから」

そんな不平不満を言う社員に危機感を訴えてみても、上司が悪い、同僚が悪い、部下が悪い、あるいは「自分なりに一生懸命に仕事をしている」と主張して、結果が出ないことの言い訳にするに決まっています。

企業にとって大切なのは成果です。経営者が朝礼で精神論を講じたり、著名な経済人の言葉を経営理念として額縁に飾っても、実際に働く社員が納得していなければ、企業が求める成果は望めないことになります。

一方の社員にしてみれば、〝なぜこの会社で働くのか〟という根源的な問題の解決抜きに、社長との価値観の共有は不可能です。人は誰も自分の夢を実現させたいと考え、生活の糧を生み出す現実の職場が、その手段となっていることを望みます。**夢と現実に共通点が見いだせるかが人生最大の問題なのです。**

この問題の解を得るには、今ある職場を理想に近づけるために何をすればいいのか、社員自ら考える他ありません。それを現実の業務の中で探し出さねばならないのですから、非常に困難です。そこで必要になるのが第三者の客観的な目なのです。

経営者の分身づくりが変革の第一歩

クライアント企業に対して、私はまず「経営者の分身」の必要性を説きます。もし、会社のトップとまったく同じ複製人間が一人現れたとしたら、トップの仕事は二人三脚で二倍どころか、たちまち二乗倍に増えるかもしれません。会社はトップが責任を持って経営しなくてはならない組織ですから、**トップと同じ想いを持てる人材が社内に多ければ多いほど、会社は成長するのです。**

例えば、「この会社は誰の会社？」と社員に尋ねて、「社長の会社です」としか答えられないようでは、社長の想いなど到底理解されないでしょう。こうした社員が多い会社に理念などあってないようなものです。

経営者の分身とは、自分もこの会社に参画していて、「事業を通じてお客様の役に立ちたい、自分が会社の成長を支えるための一員なのだ」という意識を持てる人のことを指します。分身という自覚さえあれば、会社に関わるすべてを自分のこととして捉えることができるので、他人事のような不平不満など言えなくなります。経営者と同じように理念を深く理解し、会社のために一身を捧げようとするのは、自分の夢を実現させるために会社があると考えるからです。

さらに、現場で働く分身を通して理念は社内に浸透し、一人から二人に、二人から四人へと、全社的に企業に貢献しようという意識が高まっていくはずです。

かといって、いきなり分身が増えていくわけではありません。企業規模に違いはありますが、組織変革では通常、一〇人程度のプロジェクトチームを組むところから始めます。プロジェクトメンバーになる一〇人には、それこそトップの魂を引き継いだ分身的な役割を期待しますが、その中から一人でも真の分身が育てば成功だと考えています。

トップが独りで社内に理念を浸透させようとするよりも、分身的な役割を担うべき人が一〇人いて、その中の一人がまったくトップと同じ価値基準でトップの想いを社内に伝え続ければ、理念浸透のスピードは画期的に早まります。**分身探しが変革の第一歩になるのです。**

秀實社の組織変革プログラムでは、クライアント企業がピックアップした約二〇人を一人ひとりインタビューして、最終的に一〇人にまで絞り込む作業をしています。経営者の主観的な目で選んだ人を、第三者の客観的な目で再チェックするためです。具体的には、組織の各部門において最も業績に貢献している人や、経営者の考えに近しい人、社内に影響力のある人などを選定基準とします。

また、あえて会社に批判的な人を選ぶこともあります。そのような人は会社に対する想い入れが人一倍強いことが多く、プロジェクトチームに加えると、劇的な化学反応を引き起こすケースが過去に何度もありました。

原石をダイヤモンドにするのは社長の役割

会社を変革するために私が提案したい四つのキーワードがあります。**「経営者の分身づくり」**、**「変革の炎の手渡しリレー」**、**「マネジメント」**、そして**「議題のない会議」**です。

最初の「経営者の分身づくり」は幹部クラスを中心に、トップと同じ想いを持てる人材、同じＤＮＡが感じられる人材を育てるのが目的です。次に、分身となった数人が、トップの意識を社内の隅々まで広げる作業に入ります。これを私は「変革の炎の手渡しリレー」と呼んでいます。そして、意識が社内に行き渡ったら、継続してその意識を持ち続けるためのモチベーションが必要となります。モチベーション維持の制度、つまり「マネジメント」を確立させるのです。最後に「議題のない会議」を開催してコミュニケーションを活発にし、トップと社員たちが信頼の糸で結ばれるようにします。

組織変革プログラムを導入するに当たり、こうした抽象的な話を経営者の人にすると、「それで本当に期待した成果が出るの？」と不安そうに尋ねてきます。プログラムの成果とは非常に見えにくいものですから、不安に思う気持ちが分からないではありません。

例えば、何かの資格取得のための研修を行って、実際に資格を取得できた割合を把握できれば、それは数字として成果が表れます。それに対して人材教育や組織変革プログラムは、即数字で見えるような成果とは異なるのです。

前職で私が組織変革コンサルティングの営業で全国を駆け回っていた頃、経営者から最も多く聞かされた言葉が「おまえは詐欺師か」でした。以前コンサルタントを導入して会社をメチャクチャにされたので、「もうコンサルタントには騙されないぞ」と言うのです。どんな人を利用されたのですかと尋ねると、自称コンサルタントの社労士だったりします。

しかし、これはおかしな話です。騙されたという想いには、研修を導入したら、あとはコンサルタントが何とかしてくれるという発想が根底にあります。変革しようとするのは自分の会社であるにもかかわらず、コンサルタントと共に本気でやろうという気構えがなく、どこまでも人任せなのです。

こういう考えだと、社員を採用したから売上が出る、出なければ社員が悪いということになります。そのために金を出しているんだというのは、自分都合の横柄な考えです。他ならぬトップの分身をつくるために研修をするのですから、**トップに範を示す意思がなくては、分身などつくりようがありません。**

本来なら自分の目利きを鍛え、荒々しい原石のような人材を発掘してダイヤモンドに磨き上げるのが社長の役割です。その環境を整えるために資金繰りをし、人材教育のために貴重な時間を割くのですから、それなりの覚悟をもって臨んでいただきたいものです。

共感に企業の存在意義あり

以前、年商二〇〇〇億円のパチンコホール経営者に組織変革コンサルティングを

説明する場で、度肝を抜かされたことがあります。七〇代の会長が息子の現社長と執行役員の二人を両隣りに従え、私と向き合ってでんと構えていたのですが、こちらのプレゼンテーションが始まって五分くらいすると、腕を組んだままぐっすりと寝込んでしまったのです。社長が「気にせずどうぞ」と言うので、そのまま続行しましたが、会長の大きな鼾を聞きながら一時間話し続ける異様なプレゼンテーションになりました。

最後に執行役員の方が会長を起こし、その時に飛び出した一言が「利益出せる?」でした。私が「出せます」と答えると、会長は「よし、君がやりたいように選抜してやりなさい。ただし、言ったことは守ってくれ。金は出す」と釘を刺し、それ以上は一切口に出しませんでした。何も話を聞いていないのに、話の内容を疑ったり、責任転嫁する態度は曖にも出しません。あくまでも自分が納得し、自分の責任でゴーサインを出したのです。

一代で会社を築き上げ、年商二〇〇〇億円もの売上を生み出していた会長の悩みは、世代交代のバトンタッチを支障なく行うことでした。なにも二代目の経営の資質を疑っていたのではありません。新たな時代の変化に対応するため、二代目の体制を一刻も早く構築させねばならないと考えていただけです。むしろ二代目に全幅の信頼を寄せ、余計な口出しはしないようにしていました。あの潔さは、その意思表示でもあったと思います。

世代交代を控えた会社の悩みはどこも同じです。過去に輝かしい業績があり、現在の繁栄があっても、未来の予測は容易ではありません。金科玉条のように信じてきた経営方針が、新たな時代でまったく通用しなくなり、せっかく築いた会社が跡形もなく消えてしまうことだって考えられます。

トップが変わっても会社を永続させるためには、どのような理念を掲げ、その理念を新たな体制で浸透させていくにはどうすればいいのか、先を見越した体制固めが迫られているのです。

長い時間の流れの中で、社会は否が応でも変化します。トップは自分が置かれた時代に適応しつつ、揺らぎない理念を掲げなくてはなりませんが、これまで同じスタイルでうまくいっていたことが、どうしても時代にフィットしなくなることもあります。そのときに過去に固執するのではなく、常に新たな経営スタイルを模索し、挑戦して改善していかなければ、いずれ会社は壁にぶち当たります。

会社が世代を越えて成長し続けるための大前提。何度か指摘してきた通り、それは社会の公器という認識です。**時代が移り変わっても、人に共感される企業であり続ければ、社会の公器としての存在意義を保つことができます。**裏返せば、人に共感されない企業は存在意義を見失ってしまうことになります。

社内においても、社員の共感があって初めて、会社の存在意義である理念の実現を目指そうという気持ちになるもので、共感がなければモチベーションを維持しようがありません。理念の本質は大きくぶれることなく、しっかりと守りたいところですが、時代に合わせた微調整は必要です。結局、常に社会性を意識している会社は、その時代の社会貢献につながる理念を打ち出し続けるので、生き残ることができます。

すべては人間関係の構築から始まる

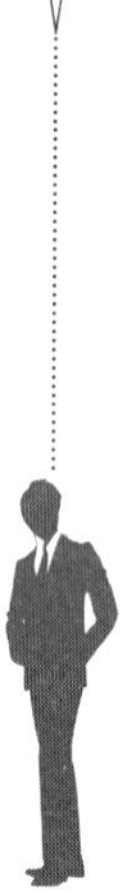

組織変革プログラムによって具体的に何が変わるのか、私が創業期に扱ったD社の

事例で説明します。現在の秀實社は成長意欲が非常に強い企業を対象にしていますが、縁があって知りあった中小零細企業のD社の深刻な状況を知り、経営再建のお手伝いをすることになりました。

会社の変革に社員の共感が不可欠であることは、すでに指摘してきた通りです。しかし、D社の場合、共感どころか、社員どうしの人間関係がまったく欠落している状態だったので、そもそも会社の体を成していませんでした。

同社に中途採用で入社したM社長は、数年で頭角を現し、大型受注を連発。債務超過状態に陥っていた同社の会長に請われ、ごぼう抜きで社長に抜擢された人物です。副社長をはじめ、役員や部長のほとんどが、かつて自分の上司や先輩だった人たちでした。

そうしたギクシャクした人間関係もあり、会社再建のための号令をかけても、幹部たちの動きは鈍く、社長の独り相撲になることが多かったといいます。暖簾に腕押し、笛吹けど踊らずといった調子で、社員はトラブルが起きても他人事のように見て見ぬふりをする有様でした。

D社はもともと債務超過の状況にあったばかりか、業務の九割が大手からの下請けだったので、不況の煽りをまともに受ける恐れがありました。社長は社外の付き合いが広く、他業界の人たちと積極的に会合を持っていたこともあり、自社が置かれた危機的状況を切実に感じていたようです。個人的に経営セミナーにも一〇〇回以上参加し、自分なりに改革も実践してみました。しかし、四年たっても変化の兆しは一向に現れませんでした。

D社では会社の同僚に対する思いやりが著しく欠けていました。一五年、二〇年と一緒に働いてきたにもかかわらず、お互いの家族構成すら知りません。まるで一匹狼の集団です。

社員一丸となったチームワークなしに会社の変革は成し得ません。組織変革プログラムを導入するに当たり、私は社員の人間関係の構築から徹底的に始めることにしました。導入前と導入後の、会社の状況や社長・社員の考え方の変化を時系列で紹介すると、以下の通りです。

〈導入前〉

●M社長は中途採用で入社。数年で頭角を現し大型受注を連発

●債務超過であったD社の会長に請われ、ごぼう抜きで社長に就任

●これまでのD社は典型的な指示命令型カリスマ経営
●理念なし、経営計画なし、教育なし、会長の根性論で乗り切ってきた
●再建のために指示命令型で号令をかけるが、まったく動かない幹部たち
●「実績を残すしかない」と一人で売上をあげ、陣頭指揮で納める繰り返し
●昨年債務超過を脱出、経営の黒字化に成功
●未来と希望のない現在を脱出するため、M社長自ら猛勉強を開始
●経営セミナー一〇〇回以上参加、経営の本を五〇冊読破
●会計士の先生につき理念策定、経営計画策定、人事制度設計を行う
●先生の教えに基づき、毎朝の掃除、便所の清掃、コーヒー煎れを始める
●いつも社長の独り相撲。誰もついてこない。質問もない。同調者もない
●役員、幹部と腹を割って飲み屋で話す。ケンカ別れ。以前より関係悪化
●秀實社に出会う
●「今のD社は、M社長の蒸気機関車に全員がぶら下がる状態」
●秀實社代表の言葉に愕然とする。なぜ失敗が続いたかを突然理解する
●秀實社の提案通りに経営者の分身づくりからやり直すことにする

〈導入後〉

●秀實社の組織診断でさらに愕然とする。理念・計画を誰も知らない

●「参加無くして決意無し」、「分身による炎の手渡しリレー」を再度決意

●チームのキックオフ。軽井沢で部門連係トレーニング。一泊二日の研修合宿を実施

●これまで見たことのなかった活発な議論、意欲、意思、ぶつかり合い

●全員が目指す組織は一つ、同じものだったことを発見

●「これまでオレ一人の独断で決めてきてすまなかった…」とM社長

●「これまで社長に反発して迷惑をかけて申し訳ありませんでした…」と経営幹部たち

●社長が一言も言わなくても幹部たちが勝手に職場のパーティションを除去

●変革を加速させるために専務と管理本部長をリーダーとサブリーダーに指名

●上記の二人が分身づくり・究極のリーダーシップ開発研修へ参加

●異業種他社の経営者の分身と一泊二日の合宿

●「あんたそれでも経営陣か！」と初対面の他社常務になじられる

●リーダシップセオリーを自己体験に置き換えるトレーニングで気づき続々

●合宿の翌日、副社長が初めて社長より先に出社、掃除、コーヒー煎れ

●得意先クレーム処理を専務が率先、指揮。始めて社長なしで処理完遂
●専務が先陣を切り再度経営計画策定、見える化、毎週の進捗管理開始
●三六〇度サーベイ・チームトラスト開始。分身たちが次々と変わっていく
●分身チームによる理念策定、人事制度改定の参加型やり直しスタート
●社長が指示せずとも動く自律自走型組織への生まれ変わり

合宿で徹底的に人間関係の構築を行った結果、今まで知らなかった社員の本当の姿が浮き彫りになりました。「専務はあんな悩みを抱えていたのか」、「そう言えば昔はよく話をしたのに、もう一〇年も腹を割って話してないな」などと話し合っているうちに、相手の考えが徐々に理解できるようになったのです。知っているつもりで知らなかったことはたくさんあり、表面上のつきあいしかしてこなかったことを申しわけないと思う社員も出てきました。

例えば、「社長は毎朝七時に出社しています」と言われて、「えっ、知らなかった」と驚く幹部もいれば、自嘲気味に「知っていました」と答えた幹部もいます。社員が出勤する前に社長が社員の机まで拭いていたことを知らされ、言葉を詰まらせる幹部

もいました。

特に注目すべきは、社長の元上司だった専務の変化です。彼は改革を阻んできた張本人でもあります。他の社員が変わりだすと専務は次第に追い込まれ、自ら率先して行動するようになりました。導入後に起きた「専務が先陣を切り再度経営計画策定、見える化、毎週の進捗管理開始」が、その最も顕著な変化といえます。**過去のしがらみで硬直化していた会社が、人間関係を再構築することにより、柔軟さを取り戻し始めたのです。**

対立が信頼の芽を育てる

組織変革プログラムは大きく四つのステップを踏んで完成へと導かれます。**フォーミング（形成）、ストーミング（対立）、ノーミング（統一）、パフォーミング（機能）**の四段階です。

順を追って概略を説明しますと、最初のフォーミングは、経営者の分身となるプロジェクトチームを結成し、一心同体の結束を促すための形成段階です。次のストーミングは、チームのメンバーの腹の中をすべて吐き出させ、本音を言い合える関係を構築する対立段階。そして、より具体的なステップとなるノーミングでは、経営者と経営者の分身のベクトルを一致させるためのリーダーの育成と制度設計を目指します。最後のパフォーミングで、分身となったリーダーが中心となって制度を運用させていくことになります。

組織心理学者のＧＷ・タックマンが提唱した、この「タックマンモデル」によれば、チームはこの四つのプロセスをたどって初めて機能するといわれます。なかでも最も大切なのが、二段階目のストーミング（対立）を起こ

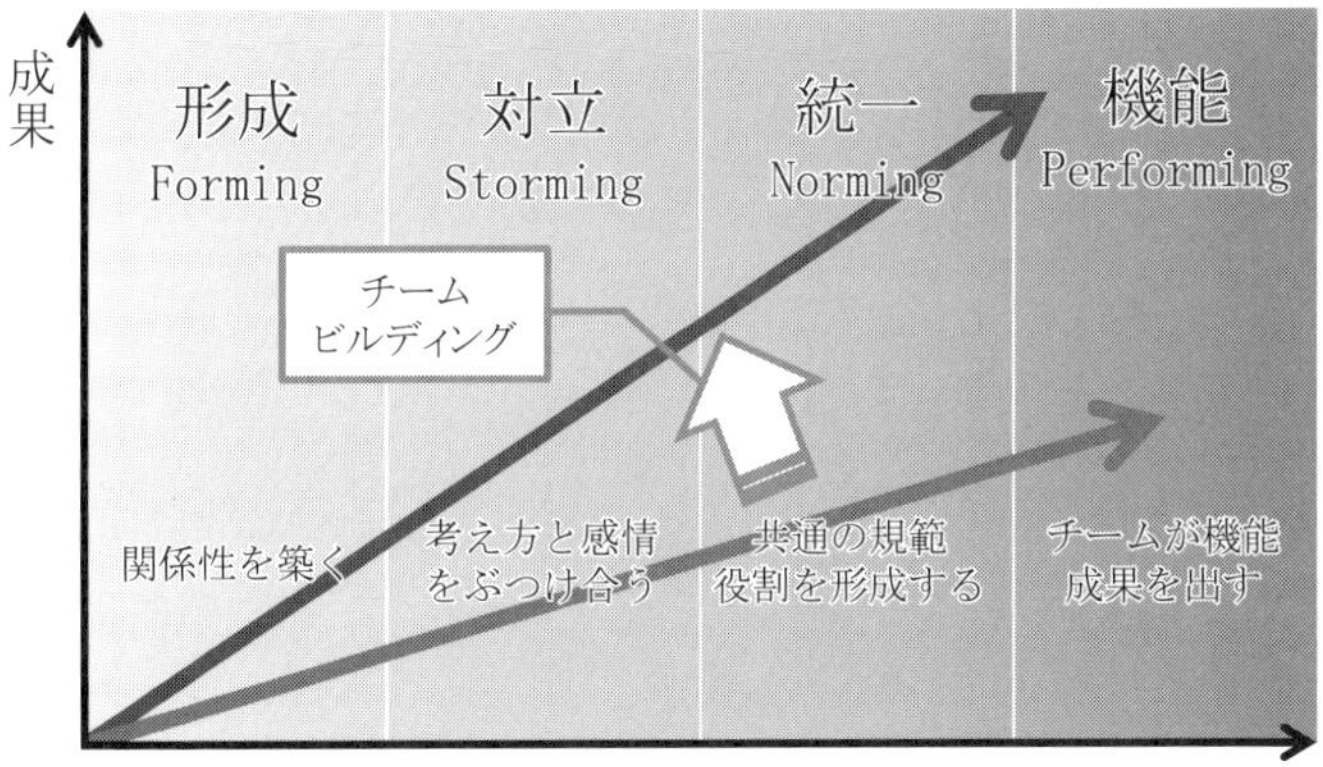

図１：タックマンモデル

すことです。

誰もが嫌がり避けて通ろうとする、このストーミングのプロセスを飛ばして、いきなりノーミング（統一）へ向かっても必ず失敗します。そこで起きる現象は、「面従腹背」「しらけ」「陰口・不平不満」といったお決まりの失敗パターンです。秀實社では心理学的手法を用いて、すべての段階でこのストーミングを意図的に引き起こし、数々のプロジェクトを成功に導いてきました。

研修のために選抜されたプロジェクトチームのメンバーは、同じ会社の社員といっても、互いの顔と名前が一致する程度のつきあいしかない場合が多く、初顔合わせで名刺交換する場面をよく見かけます。とはいえ、会社は一つの社会ですから、誰もが複雑に絡み合った人間関係を抱えているものです。

一方、先ほどのD社のような規模が小さい会社だと、人間関係はもっと生々しくなります。かつて部下だった人が上司になれば、その当時の記憶をずっと引きずり、些細なことでも根にもってしまいがちです。

「部長、私は一度遅刻しただけで、みんなの前でひどく注意されたけど、あなただって出来ていないじゃないですか」

こうした**個人的な感情がからんだ不満を抱えたままの状態では、信頼関係の芽は絶対に育ちません。**それを意図的に吐き出させ、プロジェクトのなかでわだかまりを解していくのに、あえて対立という手法を使うのです。

しかし、社内に蔓延する不平や不満は、軽傷なものから重傷なものまで千差万別です。手当り次第に対立を引き起こすと収拾がとれなくなり、最悪の場合は掴み合いのケンカになってしまいます。

それとは逆に、互いのことをまったく知らず、無関心でいることがベストと考える職場環境も困りものです。部長の名前は知っていても、学生時代何をやっていて、なぜ入社したのか、奥さんはどんな人かといった、その人の背景について何一つ知ろうとしないので、信頼関係構築の糸口すら見つかりません。

ある会社では、プロジェクトチームのメンバーの背景を一つずつ明らかにする過程で、二回離婚した人が何人もいることが分かり、なかには自己破産の経験がある人まで出てきました。その人の背景を知って初めて、「社長に拾われたというのは、そういう意味だったのか」と合点がいったりします。何も知らないまま、表面的なつきあいしかしていないと、「なぜあの人の発言には遊びがなく、なんでも貪欲に追求しようとするのだろうか」といった具合に、相手の行動が突拍子もなく理解不能なものに映ってしまうのです。

感情を御破算にする最初のステップ

ストーミングの段階ではどうしても波風がたつので、対立を引き起こす前に感情の交通整理をしておく必要があります。そのために最初に行われるのが、過去のわだかまりや敵意、無関心といった、人間関係を阻害している要因をあぶりだすフォーミング（形成）の作業です。これが互いの感情を御破算にし、無秩序から秩序を生み出すきっかけになります。

具体的には「ジョハリの窓」と呼ばれる手法が使われます。自分自身をどう公開ないしは隠しているかを知ることにより、コミュニケーションを円滑にさせる手法です。

人には**「公開された自己」（open self）**と**「隠された自己」（hidden self）**が

あると共に、**「自分は気づいていないが、他人からは見られている自己」(blind self)**や**「知られざる自己」(unknown self)**もあります。それらをより分かりやすく「知っていること」「知りたいこと」「教えたいこと」「応援したいこと」と表現して、上下左右の四象限に分けてカテゴライズ。対象となった人物に関する情報を、メンバーが思いつくままポストイットで貼りつけていくのです。

メンバーがポストイットの作業をしている間、別室で待機していた対象者は、部屋に戻って自分の「ジョ

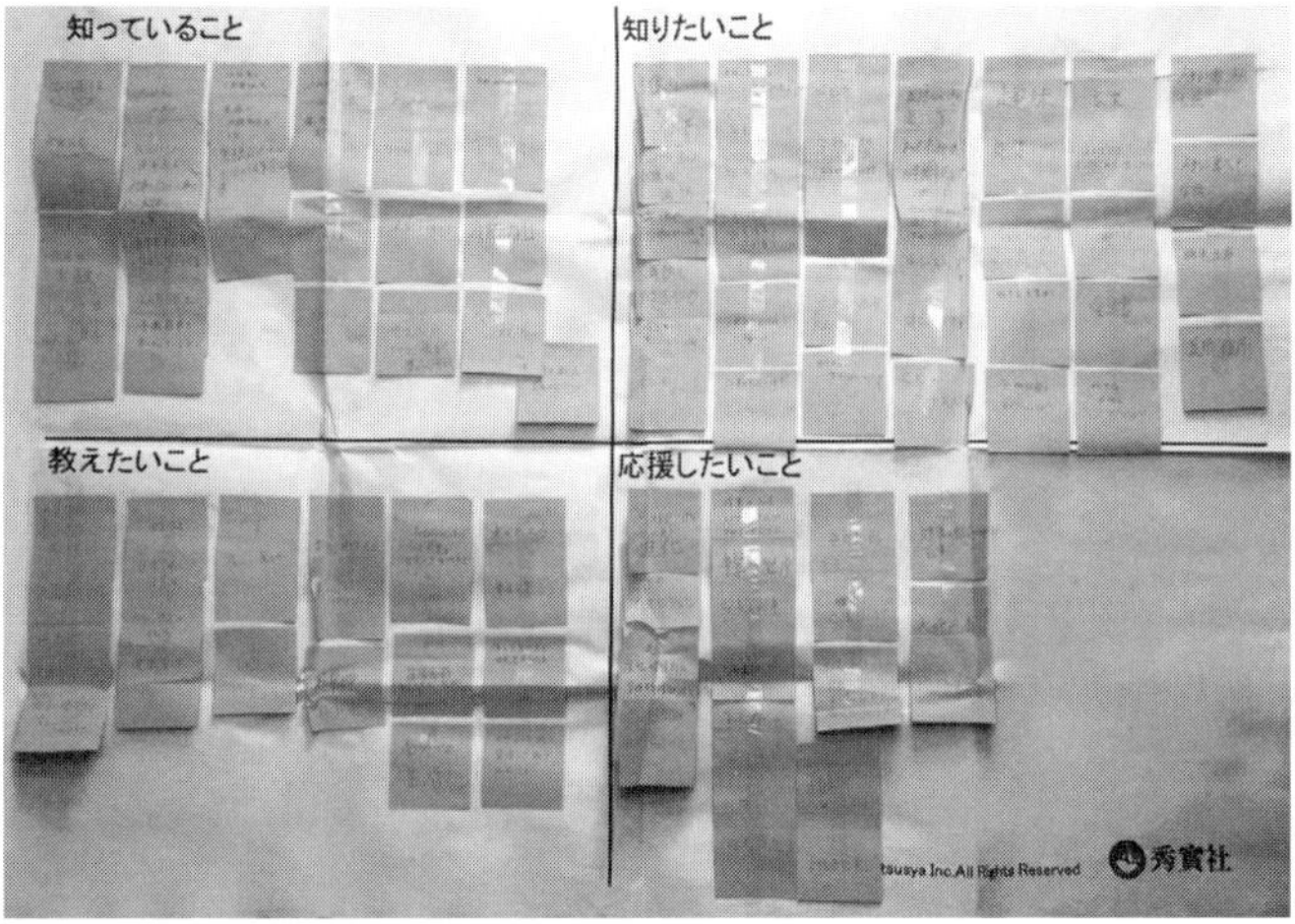

図２：ジョハリの窓

ハリの窓」を目の当たりにして「えっ！」と驚きます。対象者となったある管理部長に対しては、こんなことが書かれていました。

「奥さんが元社員だった」

「やさしいけど気が短い」

「もう少し存在感があってもいい」

「もっと自信を持ってください」

「社長のことをどう考えているのか」

「部長は不倫したことがありますか」

「月給はいくらですか」

メンバーはジョハリの窓の前に扇状に座り、誰からもポストイットの内容が見れるようにしておきます。そして、対象者になった人は、「知りたいこと」に書かれた内容を、一枚一枚答えていかなくてはなりません。

これを一泊二日の研修の初日にやると、非常に場がなごみます。一人に対して約一時間、プロジェクトチームのメンバーが一〇人であれば、合計一〇時間ものセッションになるので、関係性の構築には打ってつけです。

足かせなしに自由に話し合ってもらう場なので、貴重な意見や指摘が続出しますが、社員の収入に関しては会社によって透明度が異なるので、答え方も様々です。「○○君の年収に交通費を何倍か足したくらいかな」と曖昧に答えていた人もいました。

あくまでも個人的な意見ですが、**社員どうしが疑心暗鬼になるくらいなら、収入はオープンにしたほうがいい**と考えます。収入のベースとなる項目を数値化すれば、不満も出ないはずです。その際に、売上などの実質的なパフォーマンスだけでなく、会社への貢献度などもサラリーに反映させるべきだと強く感じています。管理部が社員のパフォーマンスだけを評価しても、社員の納得感は得にくいものです。

それから、プロジェクトチームには生え抜きの幹部がメンバーになるのが望ましいと考えています。彼らには他の会社のDNAが混ざっていないので、会社に対する思い入れが強く、会社と生活が一体化しています。新入社員や転職者に目的意識を高めるコミットメントができるかというと、その会社に対する忠誠心や思い入れ、知識もまだ低く、その効果も薄くならざるを得ません。

職場全体を活性化する視点

ジョハリの窓で思いがけない自己発見をした夜。メンバーは与えられた課題に対する自分の考えをまとめ、翌朝までに原稿用紙で提出しなければなりません。課題となる内容は様々ですが、例えば、〝三年後のあるべき自分の姿〟を思い浮かべ、今すべきことや、してはいけないことを考えてもらいます。

初日の研修で起きた心境の変化を、ある会社の幹部と中堅社員のメンバーは、それぞれこう記しています。

〈幹部〉

二日間の貴重な経験を頂きましてありがとうございました。自分の過去まで振り返り、体や心が久し振りにうごめき、新たに編成され直すような思いをしました。

自分の中にあった妥協や甘えが浮き彫りになったような気がします。又、部下の事

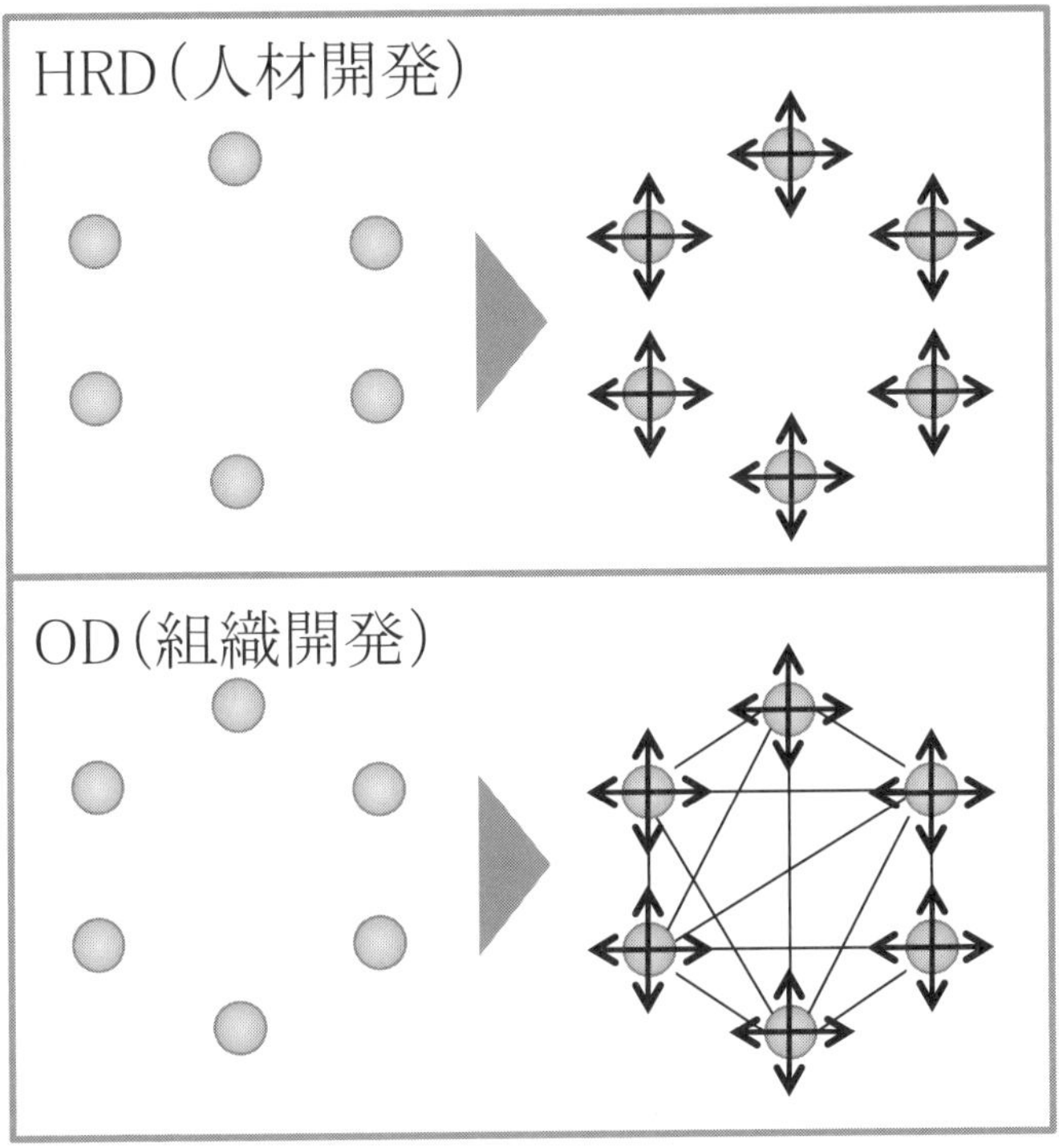

図３：HRD（人材開発）&OD（組織開発）

を見ているつもりでしたが結局自分の事しか考えていなかったのではないか、率先垂範が足りず部下への感化力が足りなかったのではないか、この職場、この会社、この職業への思いや理念を自分なりによく考えて伝えきれていなかったのでは、と反省ばかりです。

この世界は戦場です。その事を部下にも伝え、戦友愛をもって相手に勝っていきたいと思います。自己変革のスタートとして、今をスタートに戦士として仕事をして参ります。

〈中堅社員〉

二日間の研修に参加させていただき、今の立場、会社を動かしている一員であるということを改めて認識すると共に、年齢や知識の弱さを壁に、どこかが動いてくれる、助けてくれると甘く考えていた部分があったと感じています。最後に発表させていただいた「できるできない」ではなく、「やるのか、やらないのか」の気持ちで改めて日々の業務を行っていきます。

また立場上、現場と直接関わっていきますので毎日の行動をミッションであると常に考え、行動計画を明確にすると共に、問題点を必ずいつまでに、どのように改善するのか達成するのか報告を行います。

自分の仕事での成功、会社の発展が家族のしあわせになること。これを忘れず仕事、部下の教育、プライベート等人間力を高める為に行動して参ります。


翌朝、原稿用紙に書かれた内容をもとに、メンバーには一〇分間のプレゼンが用意されています。原稿用紙と時計を見ずに、時間通りにぴったり終わらせなくてはならないので、準備不足の人はすぐにボロが出ます。しかし、手抜きをする人はほとんどいません。前夜のフォーミングで社員どうしの関係性が一気に高まっており、みんなの前で恥をかきたくないという心理が働くからです。

この一泊二日のフォーミングのセッションが終盤を迎えると、いよいよ今後の課題が協議されます。プロジェクトチームのメンバーでコンセンサスをとりながら、全社的な立場にたった利害関係の調整や、連携の支援、意思決定のメカニズムを明快にさせる「ステアリングコミッティー」の会議が持たれ、会社が抱えている課題や問題に対する解決策を探ります。

組織として何をすべきで、何をすべきでないのか。そのアウトラインをこの会議で定めるのです。それは、これから始まる本格的なプロジェクトを、人材開発と組織開発の両面で進めていくための指針にもなります。これこそ秀實社が提供するプログラムの最大の特徴であり、強みでもあります。

多くの会社が個人の人材開発に重点を置いた研修プログラムを導入していますが、そこには職場全体を活性化するという視点が欠け、必ずしも満足いく結果を得られません。**組織が一体となった構造的な改革のためには、人材開発と組織開発の併用が不可欠です。**人材開発だけにとらわれると、個人が伸びても、組織がまったく活性化しないことが多々あります。「コンサルタントを導入して会社をメチャクチャにされた」という話は、組織開発の不備がもたらした悲劇ともいえます。

前出のD社はフォーミングの過程で、専務が社長の右腕になっていないことがはっきりし、ステアリングコミッティーで改善策が模索されました。その一例として、顧客からのクレームをいちいち社長が対応していたことが問題とされ、専務に窓口を一本化する決定がされました。「専務が先陣を切り再度経営計画策定、見える化、毎週の進捗管理開始」という具体的な取り決めも、この時に決められた内容です。問題に気づいただけでは具体的な行動に結びつかないので、細かな約束を決め、全員がみなを縛りあっていくのです。

長所が短所になっていた現実

プロジェクトを通して終始一貫して行われるのがストーミングです。ジョハリの窓で互いのバックグランドを知りあい、「会社のために協力してがんばろう！」という気分になったとはいえ、それは表面上の対応にすぎません。炙り出された対立点が解消されたわけではなく、火種はいつまでも燻り続け、何かのきっかけで再燃してしまいます。些細なことも放置せず、根本的に解決しようとする姿勢になってもらわなければなりませんが、そこで威力を発揮するのがストーミングなのです。

少数精鋭のプロジェクトチームで実施されるジョハリの窓は、相手と顔を突き合わせて行われることもあり、メンバーは事を荒立てることなく、比較的和やかな雰囲気づくりを心がけようとします。問題点の所在を探るには有効な手法なのですが、さらに原因を深掘りし、解決策を見出すためには、より客観的かつ厳しい目が求められます。

しかし、物も言い様で角が立ちます。上下関係がはっきりした狭い会社で、人の弱点や問題点を追及しすぎると、人間関係をよりこじれたものにしかねません。

そうした事態を回避するために行われるのが、匿名による全社的なアンケート調査です。会社の組織図をもとに、上司、同僚、部下から分け隔てなく無作為に抽出した解答者に、プロジェクトチームに選ばれたメンバーに対する評価をしてもらうのです。評価対象者の「最も優れた強み」、「最も重要だと思われる課題」、「応援（アドバイス）したいこと」をフリー・コメントシートに記入してもらい、その人の強みと弱みを絞り込んでいきます。

ある幹部には、次のようなコメントが寄せられました。

〈最も優れた強み〉

- 同じ問題を抱えていても、冷静に客観的に判断している部分
- 一人ひとりの意見を大事にしてくれる
- 人の話を聞くのが上手い
- 時間に正確である

●時間が少なくても、各署に走り、期日までの手続きなどを必ず行える
●困っている人への正義感が強く、改善しようと一緒に考える
●誰にでも気を遣い、人を不快に思わせることが一切ない
●若い社員たちから頼られており、相談をよく受けている

仕事が速く、部下に対する気配りもでき、とても正義感が強い人柄が感じ取れます。ところが、「最も重要だと思われる課題」で評価が一変します。

〈最も重要だと思われる課題〉
●とても優しい人なので、そちらが優先して出てしまうと、強さが表面化しないおそれがあると思う
●時間内で、できる限りの事はしてくれているが、もう少し余裕があれば、もっと相談できると感じる時がある
●目標や目的がよくぶれる
●勢いがない

●人の意見を聞きすぎて、自分の意見がよく分からない
●一見柔軟な対応をするタイプに見えますが、とても頑固で思考の幅が狭いと思います
●色々なルールや仕組みを構築していくうえで、もう少しお互いの時間の調整をして、コミュニケーションを図りたいと思います
●頭で考え、難しく考えすぎていて、シンプルな答えが導き出せず、行動力、実行力が足りない
●若い社員の話を聞き過ぎて、会社とのバランス感に困惑しているように見えるので、バランス感を養うこと

部下に対する気配りや正義感が裏目に出て、リーダーシップが問題視され、仕事にも悪い影響を与えていると指摘されていたのです。そのうえで出されたアドバイスは、より具体的です。

〈応援（アドバイス）したいこと〉

●正義感が強いのは良いことですが、現実社会ではグレーな事も必要悪もあることも理解してもらいたい
●仕事を進めるうえで、任される以上はもう少し説明を詳しくして欲しい
●人にあまり気を利かせず、自分自身をさらに磨いてもらいたい。特に男性から「兄貴」と言われるような人間にならなければ、本人が望む会社は作れない
●全体的な問題も考えているが、なぜ・誰に問題があるかを明確にし、時には集中攻撃も厭わないくらいにやって頂いてもいいと思う
●自分が何をしたいのか相手が理解できるように明確に伝えることも必要と思います。あいまいにすることで、自分も他人も結果的には不幸になってしまいますので、自分のやるべき事、自分にできる事、その辺りを踏まえて行動や言動をとるのがよいと思います
●もともと持ち合わせている、慕われる・頼られる人物に磨きをかけ、さらに、相談にきた相手に対し、会社と同じベクトルを向けさせ職場に戻す対話スキルを身につけて欲しいです

評価された当事者なら、フリー・コメントシートに寄せられた内容には心当たりが

あるはずで、誰の指摘なのか薄々気がつくかもしれません。しかし、**弱点は白日のもとに晒したほうが、喉につかえた魚の骨が抜けたように気が楽になり、変わろうという気持ちにもなれます。**

また、「ちゃんとやれよ」と評価した側も、「自分だってできてないことあるし……」と一抹の不安を抱えながらも、言ったからには、自分の言葉に責任を持たざるを得なくなります。相互に責任感を芽生えさせる意味でも、相手の問題点を指摘する姿勢が役に立ちます。

社長は顔を出しても口は出さない

上司、同僚、部下から無作為で集められたフリー・コメントシートは、表にある「〝リーダーシップ〟360°サーベイシート」にまとめられ、日頃からリーダーとして信頼される行動をとっているのか、六三の項目に分けて数値化していきます。本人の自己評価データも予めとってあるので、自己と他者の評価の違いは一目瞭然です。「俺は絶対に

大丈夫だよ」と思っても、他者の評価は辛口になることが多く、誰もが自分の短所を思い知ることになります。

さて、プロジェクトはここからが本番です。サーベイシートはプロジェクトチームのメンバー全員に配布され、チームが一〇人であれば、一人の対象者に対して九人が一対九で徹底的に評価内容を検討していきます。

「Aさんは『約束と面子を守る』でご自分は四点つけているけど、周りの人の評価は二点ですね。これはどういうことでしょうか？」

槍玉に挙げられた対象者は、いろんな理由をつけて弁明しようとしますが、それが三〇分、一時間と経過すると、相手の追求が次第に厳しくなり、その場しのぎは通用しなくなります。

「だけど、やっていないでしょ。はっきり認めたほうがいいんじゃないですか？」

「上司と部下とで対応がガラッと違うから、評価が変わってくるんですよ」

「言ってることと、やってることが違いませんか？」

薄々気づいていた自分の弱点や甘え。それが数値化されて目の前に突きつけられているのですから、長年かけて積み上げてきたプロ意識も根底から揺らぎます。これを一人ずつ全員に対してやるので、対立は嫌が上でも激化し、フォーミングの段階とは打って変わった緊張感が作られていくのです。

ここまで本音でものを言えるようになると、発言を控えていた人も、時に露骨なほど、自分の考えを相手にぶつけるようになります。たとえ相手が上司であっても、遠慮する必要などありません。なぜなら、これは社長直轄のプロジェクトだからです。

社長がオブザーブとしてプロジェクトに参加するのは、メンバーに上下の分け隔てのない自由闊達な議論をさせるためでもあります。遠慮したり手加減して問題を先送りしても、社長まで巻き込んだ貴重な会社の時間を浪費するだけで、元も子もありません。また、こうした本音の話し合いは意図的に用意しないとできないので、言いたいことがある人にとっては千載一遇のチャンスともいえます。

プロジェクトにオブザーブとして参加していたある社長は、社員の消極的な議論に業を煮やし、憮然とした表情で退席してしまいました。後でその時の心境を尋ねると、こう語っていました。

「組織変更プロジェクトを導入すると約束した以上、テコでも動かないと決めていたが、あの場にいるのが辛くてたまらなかった。ポストイットの内容もフィードバックの内容もレベルが低すぎるし、一体全体なんであんなに遠慮しているのか理解に苦しむ。そんなにいい子ぶるなら辞めちまえと怒鳴ってしまうところだった」

社員に対する思い入れが強かっただけに、失望も大きかったようです。プロジェクトはあくまでも社員の自主性に委ねなくてはならないので、憤懣やる方なく退席してしまいましたが、社長の怒りはプロジェクト終了後に爆発し、メンバーを改心させるきっかけになっています。

逆に、社員の悩みの原因が社長にあったりすると、オブザーブの社長が居た堪れない思いをします。ある社長は、深刻な表情でこう語っていました。

「あれは私に言われているのだと思って自責の念に駆られました。彼らを採用し、そういうポジションにつかせているのは私ですからね」

プロジェクトは社長にとっても真剣勝負の業務であることを肝に銘じてもらわなくてはなりません。したがって、前章で紹介したS社のように、トップが顔を出さないとプロジェクトには緊張感がなくなり、本音の議論がされなくなってしまうのです。

逆にトップが口を出し過ぎると社員は寡黙になり、良くも悪しくもトップの発言に身を任せてしまいます。**顔を出しても口は出さないのがトップの役割です。**

	No.			項目	本人	平均	上司	同僚	部下
*****	1	●		たとえささいな… …ている。	4.0	3.1	3.0	2.2	4.0
	2	●	*****	公衆の面前で… …ことをしない。	5.0	3.2	3.0	2.7	4.0
	3			相手と秘密を… …に秘密を漏らしてはいない。	4.0	2.9	3.0	3.0	2.7
	4			正しいことや… …と接している。	3.0	3.0	3.0	3.0	3.0
	5	●	*****	自ら関心がない… …大切にしながら相手と接している。	3.0	2.2	3.0	1.7	2.0
	6			相手へ対して…	3.0	2.9	3.0	2.7	3.0
	7			相手の話を… …ような雰囲気をつくっている。	4.0	3.9	4.0	3.7	4.0
	8		*****	相手の話を… …気持ちを受け入れ、その後に改めて修正について話し合っている。	4.0	3.3	3.0	3.2	3.7
	9			相手が達成…	3.0	4.1	4.0	3.7	4.7
*****	10	○		困難な状況や… …感情や言動をコントロールできている	3.0	3.2	2.0	3.5	4.0
	11	○	*****	過去の失敗例や… …かを考え適切な判断を行っている。	3.0	3.7	3.0	3.3	4.7
	12			相手のダメなと… …れを活かせるように支援している。	4.0	3.6	3.0	4.0	3.7
	13			ものごとがうま… …に原因を探している。	3.0	3.3	4.0	3.0	3.0
	14	○	*****	ものごとを… …ずに自分ができることだけに集中している。	4.0	4.4	5.0	3.8	4.3
	15	○		他者へ要望を… …のを辛抱強く待っている。	3.0	3.2	3.0	3.2	3.3
	16			常に前向きで…	5.0	3.7	4.0	3.7	3.3
	17	●	*****	困難な状況で… …ている。	4.0	3.1	3.0	2.8	3.3
	18	○		できない理由を… …やってみることを優先している。	4.0	4.0	4.0	3.7	4.3
*****	19			言っている…	3.0	3.7	4.0	2.8	4.3
	20	●	*****	その場にいない…	4.0	2.5	3.0	2.2	2.3
	21			人に要望した… …他者に要望しない。	3.0	3.5	4.0	3.2	3.3
	22	○		自分やチームが…	5.0	3.8	4.0	3.3	4.0
	23		*****	自分の間違い…	4.0	3.9	5.0	3.3	3.3
	24			相手の為、チーム… …に指摘している。	4.0	4.4	5.0	4.0	4.3
	25			相手の地位や…	4.0	3.7	5.0	2.8	3.3
	26		*****	自らの成果や… …していない。	3.0	3.9	5.0	3.5	3.3
	27	○		話し合いの場や…	3.0	4.5	5.0	3.5	5.0
*****	28			チームの各人が… …している。	4.0	3.0	3.0	2.7	3.3
	29		*****	目標を設定… …未来像を描き共有している。	3.0	3.2	4.0	3.0	2.7
	30			相手を支援する… …意義を語り相手を動機づけている。	3.0	3.2	4.0	2.7	3.0
	31			自らが明確な…	4.0	2.9	3.0	3.2	2.7
	32	○	*****	全員が成し遂げ… …や目標が描かれ共有されている。	4.0	3.6	4.0	3.2	3.7
	33			チームの各人… …目標が密接に関連しリンクしている。	4.0	3.1	4.0	2.8	2.3
	34			目標を達成した… …描けるように各人と語っている。	5.0	2.9	3.0	3.8	2.0
	35		*****	話をする際は… …よう相手の立場で話している。	4.0	3.2	4.0	3.0	2.7
	36	○		ビジョンが描けない… …しながら、目標を見つけるまで今に集中している。	4.0	4.0	4.0	3.7	4.3
*****	37	●		緊急事項に… …確保している。	3.0	3.2	3.0	2.3	4.3
	38		*****	その都度問題に… …している。	3.0	2.7	2.0	2.5	3.7
	39			業務連絡以外… …と面談する時間を取っている	3.0	2.2	2.0	2.5	2.0
	40	●		仕事を始める際… …それを守っている。	5.0	2.7	3.0	1.8	3.3
	41	●	*****	ミーティング… …準備してから参加している。	4.0	2.6	3.0	2.3	2.3
	42			相手が目標を… …を行っている。	3.0	2.6	3.0	2.3	2.3
	43	●		リーダーとして… …をしている。	3.0	2.3	2.0	2.3	2.7
	44		*****	重要事項に…	3.0	3.2	3.0	3.3	3.3
	45	○		私生活と仕事の… …生活を送っている。	2.0	4.1	4.0	3.7	4.7
*****	46			決定された内容… …できるようにしている。	3.0	3.0	3.0	3.0	3.0
	47		*****	仕事の割り当て… …各人に任せ自由を与えている。	3.0	3.8	4.0	3.7	3.7
	48			相手の目標達成… …いる。	3.0	3.3	4.0	3.0	3.0
	49			物事を進める… …を定め共有している。	4.0	2.9	3.0	3.0	2.7
	50	●	*****	物事を進める際… …共有している。	3.0	2.6	3.0	2.5	2.3
	51			物事を進める際… …合いを共有している。	2.0	2.7	3.0	2.5	2.7
	52			困難な状況に… …努力している。	4.0	3.6	4.0	3.7	3.0
	53		*****	自分1人でもの… …目標を達成しようとしている。	3.0	2.9	3.0	2.5	3.3
	54			率直で厳しいフィー… …せず前向きに受けとめている。	3.0	3.8	4.0	3.3	4.0

図 4：360°サーベイシート

リーダーは聖人君子ではない

サーベイシートをもとにしたストーミングを繰り返していると、極度のストレスから感情的になり、その場を凍りつかせてしまうことを言う人がいます。自分の問題点を指摘されていたある会社の部長が、「それでもオレは人のせいにしないで、成果にこだわってきたつもりだ」と弁明した直後に、その発言は飛び出しました。話をじっと聞いていた女性幹部社員が、声を荒らげてこう言い放ったのです。

「私は五年前に自殺を考えたことがあるんですよ……。電車のホームから飛び込もうと思ったんです。部長はそんなふうに危機を乗り切ったと仰るけど、あの頃、職場のみんながどんな思いでいたのかご存じなのですか。部下のことを考えていただなんて、よく平気で言えますね。みんながどんな気持ちで会社を辞めていったか、知っているとでもいうのですか！」

部長の弁明に止めを刺す格好になったこの爆弾発言。内容があまりに過激だったので、これ以上の深堀りは好ましくないと判断し、私はプロジェクトチームのリーダーに発言を振りました。

「気持ちは分かるけど、今それを言ってもしょうがないじゃないか。そうした問題を解決するためのプロジェクトなんだから、みんなで会社を変えていくように努力しよう。誰一人辞めない会社を作ればいいんだ」

こうして場を収めるのもリーダーの役目です。同じ釜の飯を食う間柄といっても、生まれも育った環境も違う人たちが集まり、衝突が起きないはずがありません。リーダーの言葉で、その女性幹部が納得したわけでもないし、わだかまりも残りますが、聖人君子の集まりではないのですから、**克服困難な現実があっても、それを会社全体で受け入れることのほうが大事です。**

これは学校のいじめ問題と似ています。いじめは根絶できるという前提で対応するのと、いじめはなくならないという前提で対応するのとでは、問題解決のアプローチがまったく異なったものになります。現実にはいじめはなくならないものですから、いじめを減らすためにはどうすればいいのか、当事者の生徒みんなを巻き込んで考えることがもっとも大切なことです。

いじめといえば、上司の執拗なパワハラに悩んでいたプロジェクトメンバーの女性社員がいました。女性が幹部になるのが気に入らないのか、能力や業績とは関わりなく、窓際に追い込もうとしていたのです。プロジェクトの成果を全社的に浸透させても、上司の考えまで変えることはできない。彼女にはそう思えてなりませんでした。

彼女の悩みがプロジェクトの議題にのぼると、メンバーはその解決策を探り始めます。その上司は実績もあり、地位もある古参幹部です。上司と女性社員との関係は、一対一では生理的に受けつけられない状態だったので、彼女一人の力で上司に協力を求めるのは不可能でした。

そこで、リーダーが女性社員に立ち会い、その上司をプロジェクトに巻き込んでいく案が出されました。さすがに上司も嫌とは言えないし、女性社員も今までの不安や屈託といったものが、プロジェクトの活性化により軽減されます。

こうした個人的な問題には、できるだけ照準を合わせないようにしていますが、他部署の問題であっても、業務上の阻害要因に目を瞑るわけにはいきません。それを一つひとつ解決する姿勢が、経営者の分身の行動にもつながります。もちろん、メンバーの行動ですべてが解決するほど組織というのは単純ではありませんが、問題に取り組もうとする風土には変わっていくはずです。

すべての社員が納得した組織づくり

組織変革プログラムの最終目標は、人材と組織を活性化させる理念と制度の策定にあります。もし、会社の売上や社員数を五年以内に倍増させたいと思うなら、その規模に見合った組織の社員にはどういった技術や心構えが必要になるのか、予め準備しておかねばなりません。管理職、役員、取締役の責任範囲や役割なども変化するでしょう。社員一丸となった強力な体制を確立するためには、こうした細かな仕組みにまで注意が行き届いた制度が不可欠です。

その制度を設計するのもプロジェクトチームの使命です。私とリーダーとサブリーダーで事前協議し、会議の中で議論を詰めていくのですが、重要なのは密室の議論にさせないことです。

メンバーは会議で議論された内容を自分の部署に持ち帰り、上司、同僚、部下の意見を求め、より精度の高いものにしていきます。

「この問題に関して議論がこう進んでいるだけど、君ならどう思う？」

上司がこう尋ねれば、

「部長、僕はそう思いませんよ。むしろこうしたほうがいいのでは」

といった答えが返ってくるはずです。

さらに、その結果を社長にも報告し、同じように意見を求めます。ある幹部の役割に関して「この関係性はあるけど、この関係性はないんじゃないか」と判断すれば、社長の意見を踏まえた議論のやり直しです。

PLAN（計画）→DO（実行）→CHECK（点検）→ACTION（行動）。一連の〝PDCA〟による擦り合わせ作業を、プロジェクトチームと社長・上司・同僚・部下の間で何度でも繰り返し、これ以上詰めようがないと思えるところまで、それこそ徹底的に精査し続けます。

なぜこんな面倒な作業をするかというと、人によって異なる価値基準を、誰もが納得した形で共有させる必要があるからです。一つの物事に対して、ある人には透明に見え、別の人にはグレーに見えたままでは、仕事を先に進めようがありません。社員全員が納得した価値基準を割り出し、それを制度に盛り込むことができれば、頑丈な組織が出来上るはずです。

具体的にどんな擦り合わせ作業が行われるのか、ある会社の幹部を例に紹介します。改善すべき対象は、役割、心構え、責任の範囲、洞察力などの一一項目。例えば「役割」の項目でプロジェクトチームが重要だと考えたものに、「理念・トップの方針、ビジョンを明文化し、組織に伝達する」という内容がありました。しかし、伝達しただけでは理念は理解されないと批判され、どうすれば浸透できるのか具体的な方法が模索されました。

また、「心構え」の項目では、「責務面と人間面の両立」の必要性が主張されたのですが、曖昧な表現が問題にされ、「顧客の立場に立つことが最重要」という分かりやすい指針に練り直されました。**観念的な表現に満足するのではなく、具体的な行動につながることが優先された結果でした。**

こうした地道な作業を経て、評価・報酬制度、人材育成体系、採用体系、人事異動・配置、会議や朝礼のあり方、経営者リーダーの発言、営業・接客スタイルといった、新しい組織に見合った制度が確立していくのです。

変革の炎の手渡しリレー

制度の基軸となるのは会社の理念です。総論としての理念を、各論の制度で運用していくわけですが、すでに制度設計の段階で組織全体を巻き込んでいるので、制度が出来上がった時点で、理念は全社員に知れ渡っていることになります。プロジェクトチームだけの密室の議論にさせなかったのは、そのためです。

人間関係の構築から始まり、雁字搦めに組織固めをしていき、社員自ら結果を出させる。繰り返し行われた関係性の構築作業、これが**オーガニゼーション・デベロップメント（OD＝組織開発）**の核心です。

そして、一連の制度づくりは、プロジェクトを主導してきたメンバーたち、つまり経営者の分身となるリーダーの育成にも大いに役立ちます。「これは社長の意見ですから」と上司・同僚・部下に伝書鳩のように伝えるのでは、単なる子供の使いでしかありません。「社長から言われたけど、確かにそうだ」と納得し、自分自身の言葉で伝えて初めて説得力が伴うものです。また、問題があれば自ら原因を分析し、具体的な解決策を探らねばなりません。

リーダーが経営者の分身になれば、その言動を通して会社の理念がリレーのバトンのように次から次へと伝わり、会社全体で変革の意識を持てるようになります。これが「変革の炎の手渡しリレー」の理想の姿です。

会社にしっかりした制度があっても、模範となって実践するリーダーがいなければ用を成さないし、リーダーがいても制度がないと上意下達が徹底されません。そのためのヒューマン・リソース・デベロップメント（HRD＝人材開発）なのであり、人材だけを開発しても組織は変革できないのです。人材開発と組織開発を併用して進め、彼らの個人の能力を最大限に引き出し、リーダーとして組織を活性化させるのが究極の狙いです。

会社を成長させたいなら、経営者の分身をつくって理念の浸透を図り、その理念を羅針盤にして会社を変革させ続けなくてはなりません。

ぶれることがない理念、そして、変わるための変革……。両者は相反するように見えて、実は一体不離の関係にあります。同じ場所に根を張った木が、上へ上へと伸びていくように、理念を追求していくためには、常に変革しながら成長する必要があるからです。

そして、忘れてならないのがトップの役割です。**トップは理念の発信源であると同時に、成長し続けるために自ら変革の炎を燃やし続けなければなりません。**その炎を経営者の分身に手渡し、次々と社内に広げていくのです。トップが燃やした変革の炎が、分身たちを通して確実に手渡され、会社の未来のために理念を守ろうという熱い気持ちが隅々まで伝われば、必ず会社は生き生きと活性化していくはずです。

そう考えれば、会社の成長のためにいかにトップという存在が重い意味を持つのか、お分かりいただけるのではないでしょうか。

練習を怠るアスリートはいない

「変革の炎の手渡しリレー」を実現させる実働部隊になるのは、言うまでもなく

プロジェクトチームです。したがって、トップとメンバーとの意見の擦り合わせが何より重要となり、議論に議論を重ねたうえで結論を出さないと、誤った考えを拡散させることになりかねません。プロジェクトチームの勘違いが五センチだったとしても、そのまま放置して社内に浸透させてしまえば、気がついた時には五メートルの段差となって現れることだって考えられます。その段差を埋めるために払われる代償を考えれば、プロジェクトで費やす時間を惜しむべきではありません。

改革すべきは他ならぬ自分の会社です。策定される制度は一〇〇%の精度を目指すべきであり、それなりに努力したなどというい加減な対応は許されません。しかも、継続性がないと、すべての苦労が水泡に帰します。

私の知る限りでは、せっかく組織変革プログラムを導入したにもかかわらず、事情があって途中で止めてしまったり、その後の努力を怠った会社で、成長し続けている会社は一社もありません。成果があがったと慢心し、継続の努力を怠った途端に元通り。一事が万事この調子でしょうから、他の業務も同じ姿勢で臨んでいるに違いなく、失敗を呼び込みやすい体質になっているのだと思います。

一方、**成長しようとする会社に、途中で諦めるという選択肢はありません。**分身となる人材が独り立ちするのを見届けるまでは、組織として盤石とはいえないからです。社長が成果を出すまでやると言った以上、最後まで筋を通してやり続ける気概がなければ、社員と共に困難な事業をやり遂げることはできないでしょう。

「企業を成長させよう！」

「理念を追求するために改善点を見つけよう！」

こうした熱意が打ち上げ花火で終わってしまえば、何の意味もありません。常に炎を絶やさず、燃え広げさせてこそ、本当に企業を変える力になり得るのです。

だから、**人材開発と組織開発には終わりがないと考えています。**いくら優れた潜在能力を持ったアスリートでも、練習を怠れば運動能力は落ちるし、使わない筋肉も衰えていきます。会社も存在する限り、常に成長し続けなければならないですし、成長なしに会社を活性化させることはできません。

会社の採用体系を変え、理念を実践できる制度を作り変え、優秀な人材を入社させ、その優秀な人材が思う存分輝けるようにし続ける。永遠に時を刻む時計のような会社であるために、人と組織は変わり続けるのです。

自己実現を目指して

組織における理念の重要性を繰り返し強調してきましたが、個人にとっても、理想を実現するための理念が必要なのではないでしょうか。それを〝働きがい〟と表現しても構わないでしょう。頭の中に思い描いた夢や目標に向かって、何度も壁にぶつかりながらも、前進を続けようとする力の源です。人には自分が信じる世界で自己実現をさせたいと思う欲求があるため、どんなに辛い仕事でも闘志を燃やすことができるのです。

アメリカの心理学者アブラハム・マズローは、人の欲求を五段階のピラミッドで表現し、本能的・根源的な欲求から次第に社会的な欲求を目指していく人の心理を説明しています。人の欲求は、ピラミッドの最下層に広がる**「生理的欲求」**から始まり、**「安全の欲求」**、**「所属と愛情の欲求」**、**「自尊の欲求」**へと、一つの欲求が満たされると、より社会性の高い階層の欲求を目指そうとするのですが、その四つの欲求が満たされても、頂点にある**「自己実現の欲求」**が満たされないと、自分の持つ能力や可能性が発揮されていないと不満を感じるのです。

ピラミッドの下段にある四つの欲求が「欠乏欲求」と呼ばれるのに対し、最上段の自己実現の欲求だけは「存在欲求」とも呼ばれ、質が明らかに異なります。夢や目標を実現させたいと思うのは、自分が何者であるのか見極めようとする、自己実現の欲求といえます。

しかし、すべての人がこのピラミッドを駆け上がることができるわけではありません。むしろ、壁に阻まれ、途中で挫折してしまうことのほうが多いのではないでしょうか。

欲求のピラミッドを駆け上がるために欠かせないのは、自分に課された〝使命〟を意識することです。自分の欲求を満たすことだけを考えず、他者のために貢献することが自己実現につながるという考え方に、発想を転換するのです。利己的な欲求を超越して、利他的な使命を意識すれば視界は一気に広がるはずです。

私を指導してくれた飯田明氏が、野球界の大スターだった清原和博選手のメンタルトレーナーをしていた時の興味深い話があります。ホームランが打てずに非常に苦しい時期を過ごしていた清原選手に、飯田氏は「野球を通してどうなりたいか？」を問い続けといいます。

そこで清原選手は気づきました。

「ホームランを打てようが打てまいが、ファンは常に声援を送って応援してくれる。そんなファンのために、自分が野球人としてどうあるべきか考えなければいけない」

ホームランを打てない時でも、たくさんの人に夢や希望を与えられることを自覚し、ファンに喜んでもらう。すると、ファンの声援が自分の力にもなります。試合に負けた時の野次でさえも、その根底にある応援の気持ちを感じ取ることができるようになったというのです。

自分のことだけを考えていたら頑張れなくても、ファンが喜ぶ姿を思えば頑張ることができる。利他的に生きることが自己実現の近道であることを示唆するエピソードです。

人に愛されることによって初めて、人は自分を愛することができます。だから人から愛されたかったら、まずは自分から人を愛さなくてはなりません。それは企業にも当てはまることです。

ベンチャー企業家の先駆けとして知られる「フォーバル」の大久保秀夫会長は、「利益とは経費である」という話をよくします。会社が利益を出せば、人を採用し、工場をつくり、支店をつくっていきますが、それはすべてお客様を増やすための経費だというのです。企業とは、一人でも多くのお客様に喜んでもらうために、商品やサービスを提供するためにある。つまり、お客様を愛す気持ちが、お客様から愛されることにつながるのです。

社会の公器としてのミッション

前章で、成長し続ける会社には、信仰に近いほどの情熱があり、それは時として会社の利益より優先されると述べました。その情熱こそが理念の正体であり、会社の存在理由でもあると考えています。燃えたぎる情熱があるから、急激な社会の変化にも対応しようとしますし、社運をかけた挑戦も厭いません。そして、その情熱を支えているのは、社会の公器という認識です。

人の役に立って初めて事業は成立し、共感の輪が広がります。金儲けだけが目的の利己的な会社は、いつまでたっても人の共感を得ることができず、いずれ存在意義を見失って社会から淘汰される運命にあります。成長意欲があっても、人に共感されなければ会社は存在することができないのです。そして、人の共感を得る前提となるのが、利他的な使命感を伴う社会の公器という認識です。人が自己実現のために〝使命〟を意識することと似ています。

企業の経営理念は、**ミッション（使命）**、**ビジョン（将来の理想像）**、**バリュー（価値基準）**の三位一体で成り立つといわれます。核となるミッションは存在意義そのものであり、半永久的に変わるものではありません。しかし、バリューは時代の移り変わり共に変動し、ビジョンもより大きなものへと変貌していきます。ミッションがあるから企業は存在し続け、変動するバリューに対応しながら、新たなビジョンを達成しようとするわけです。

したがって、大本のミッションがはっきり意識されていないと、理念も意味不明な文言になりがちです。「人に優しい会社が我が社の経営理念です」と言われても、何が言いたいのかよく分かりません。おそらく言っている本人も分かっていないはずです。

社会の公器としてのミッションがすべての出発点となり、人材開発と組織開発を繰り返し、確固とした経営基盤を作り上げていくのが理想の姿です。

また、ミッションがなければ時代の変化に対応することもできません。好景気の時代は需要が供給を上回り、さしたる理念がなくても会社の経営を続けることができますが、不景気になると供給過剰に陥り、市場が縮小してしまいます。好景気の時の精神で危機を乗り切ろうと思っても、時代はそうした考えを求めていません。新しい時代で人の共感を得るには、再びミッションに立ち戻らなくてはなりません。

そこで力を発揮するのは常に人です。会社のミッションとは何なのか。そこで働く社員はいかにして自己実現が可能になるのか。社員一人ひとりの意識を高め、社員一丸となった組織の力で新しい時代に向かっていけば、必ず答えがでるはずです。

百年続く会社を創る

私たちが目指しているのは、確固たる経営理念を掲げ、世代を越えて挑戦し続けていく会社です。今は好調な会社でも、意識して経営者の分身を育て、変革の炎を手渡していかなくては、永続的な繁栄を手にすることは難しいでしょう。ウサギとカメの競争で言えば、しっかりした足取りで、ゴールに向かってまっすぐ進むカメでありた

いものです。

日本には創業百年を超える老舗企業が世界一多いと言われますが、すでに触れた通り、地域に密着した個人経営の事業者が多いのが特徴で、時代の波に呑まれることなく今日に至っています。しかし、今私たちが経験している時代は、文明を変えてしまうほど劇的に変化しようとしています。これから百年続く会社を創ろうとするなら、生半可な経営戦略ではグローバル経済で勝ち抜いていくことはできません。

ものが売れなくなったということは、お客様がその商品やサービスを必要としなくなり、他のものを必要とし始めたということです。過去一〇年間の業績が良かったとしても、今後の一〇年間も同じビジネスモデルが通用する保証はなく、将来を見据えた経営の見直しが常に求められています。

一〇年一昔といいますが、百年ならその一〇倍。時代は大きく移り変わり、人も文化もすっかり変わっているはずです。時を越えて存在し続けるには、商品のライフサイクルを越え、経営者が代を変えても、時の流れに対応しながら繁栄し続ける強固な組織、つまり人を育てていかねばならないのです。

本書を読み終えて

「今日という日は、人生の中で最も大切な一日だ」
一日一日を、一瞬一瞬を本気で生き抜く覚悟がずしりと伝わってくる私の好きな言葉です。

この言葉を毎朝三〇回唱えることを一日の始めとする。そういった日課を四十年以上も続けてらっしゃる方がいます。「がんの悲劇から国民を守りたい」そんな想いで「がん保険」を日本に広め、今や代理店を含めて二万人を超える雇用を創出する企業となったアフラック（アメリカンファミリー生命保険会社）の創業者（現最高顧問）の大竹美喜さんです。

思えば、本書の著者である秀實社の髙橋秀幸さんとの出逢いは、この大竹美喜さんのお引き合わせによるものでした。初めてお会いした時、「社長の分身づくり、人づくりを通じて〝百年続く会社を創る〟という実直な想いに深い感動を覚えたことを鮮明に記憶しています。それは、「いい会社をふやしましょう」を正々の旗に掲げ、金融を通じて「これからの日本にほんとうに必要とされる〝いい会社〟をふやしたいという鎌倉投信の想いと相通ずるものだったからでしょう。

本書は、こうすれば売上が伸びる、といった経営のノウハウ本でもなければ、学生がいい就職先を選ぶためのハウツー本でもありません。

「人の役に立ちたいという想いがなければ、夢のある仕事をすることはできない。」「情熱こそ経営理念の原点。企業が成長し続けるためには、トップが誰になろうが揺らぐことのない経営理念を掲げ、それを浸透させる努力を続けなくてはなりません。……成長し続ける会社には、信仰に近いほどの情熱があり、それは時として会社の利益よりも優先されるのです」

奇をてらうことなく、率直に記されたこうした言葉ににじみ出るとおり、「自分は何のために働くのか？」「会社は誰のために何のために存在するのか？」「どうすれば社員やお客様を幸せにできるのか？」といった深い命題に著者自身が正面から向き合い、苦悩し、実践の中から炙り出された実学、実践の書なのです。それだけに、私自身がそうだったように、多くの経営者や職業人、学生の皆さんの心に響き、未来に向けた貴重な道標になることでしょう。

また、「人と人との関係性や共感に企業の存在意義あり」とする著者の経営思想が説得力を持つのは、今の日本のおかれた状況と無縁ではないでしょう。日本は、戦後から四〇年間続いた経済発展の果実として、物質的、金銭的な富を手に入れました。しかし、それによって人の心が本当の意味で満たされることはありませんでした。欧米先進国に経済的豊かさで追い付くという目標に対して我武者羅に頑張ってきたものの、精神的な豊かさ、心の豊かさを探求することを止めてしまったからです。今、そうした精神の空白を埋めることが社会においても企業においても求められているのです。

正に「企業は人なり」「企業づくりは　人づくり」、もっと言えば「国づくりは　人づくり」です。著者が訴えているように、人の成長とともに栄える百年企業がたくさん出てくることを願ってやみません。また、本書を多くの方に読んでいただき、一人ひとりが自分自身を見つめ揺るぎない人生を歩むきっかけになればこの上ない喜びです。

すばらしい本を世に送り出してくれた著者に心より感謝します。

鎌倉投信株式会社
代表取締役社長　鎌田恭幸

装丁・本文デザイン　コンロッド

髙橋秀幸（たかはし・ひでゆき）

1977年生まれ。2000年日本大学商学部卒業後、ファッション業界向け大手人材派遣会社に入社。大手外資系ブランドの化粧品販売、営業および人材採用・育成などの管理責任者に最年少で就任。実績を積み、社内売上げナンバー1を達成する。2004年、メンタルトレーニング学の第一人者である飯田明氏に師事し、年間250日の研修を実施する。2007年、新卒採用支援企業の営業本部マネージャーとして、100名の行動力ある学生組織をつくる。2008年、組織人事コンサルティングファームの取締役社長に就任。全国の中小企業経営者とネットワークを築く。

2010年、株式会社秀實社を設立し、代表取締役社長に就任。戦略的企業ブランディング事業では創業時より、上場企業の幹部育成研修を担当するとともに、上場を目指す意欲的な企業の総合プロデュースを行う。またパーソナルブランディング事業では、これまでに延べ2,500名の全国の経営者・ビジネスパーソンのアイデンティティ確立から、出版・イベント・セミナーまで、多岐にわたるサポートを行っている。

2012年「未来の百年企業」を発足。経済情報誌『未来企業通信』を創刊。

著書に『限界突破力』『図解限界突破力』などがある。


あなたは社長《しゃちょう》の分身《ぶんしん》になれますか？

成功する会社を見極め、揺るぎない人生を歩むには

2013年5月29日　初版発行

著　者	髙橋秀幸
発行人	佐久間憲一
発行所	株式会社牧野出版 〒135-0053 東京都江東区辰巳1-4-11 STビル辰巳別館5F 電話 03-6457-0801 ファックス（ご注文）03-3522-0802 http://www.makinopb.com
印刷・製本	新灯印刷株式会社

内容に関するお問い合わせ、ご感想は下記のアドレスにお送りください。
dokusha@makinopb.com
乱丁・落丁本は、ご面倒ですが小社宛にお送りください。
送料小社負担でお取り替えいたします。

 ISBN978-4-89500-167-0